LES MIRACLES DE
l'archange
Michaël

Du même auteur :
Messages de vos Anges
365 conseils de vos Anges
Histoires... de fées
L'Oracle des anges
L'Oracle des fées
L'Oracle des maîtres Ascensionnés
Mon Ange Gardien

Titre original : *The miracles of Archangel Michael*

© Doreen Virtue, 2008
© Hay House publishing, 2008, 2013

Traduit de l'anglais par Jo-Ann Dussault

© Éditions Exergue, 2010, 2013
pour la traduction en français

ISBN : 978-2-91152-587-2

www.editions-tredaniel.com
info@guytredaniel.fr

Doreen Virtue

Les miracles de l'archange Michaël

Troisième édition

Éditions Exergue
27, rue des Grands Augustins
75006 Paris

À l'archange Michaël,
avec mon éternelle gratitude.

❧ ❧ ❧

TABLE DES MATIÈRES

INTRODUCTION

VOICI UN LIVRE dépourvu de toute connotation religieuse. Il est consacré à l'archange qui porte le nom de Michaël, un puissant être céleste qui protège, guide, répare et guérit. De sa dimension immatérielle, Michaël interagit avec le monde physique et a une incidence sur ce dernier. Mais comme vous le lirez dans ce livre, il lui arrive de prendre la forme d'un être à trois dimensions.

L'archange Michaël est le bras droit de Dieu quand il s'agit d'apporter la paix sur la Terre en éradiquant la peur et le stress. Les méthodes ingénieuses de Michaël sont illimitées, tout comme son habileté à interagir avec de nombreuses personnes simultanément. Comme il est illimité, Michaël est disponible – et d'ailleurs, c'est ce qu'il préfère – pour venir en aide à toute personne qui se trouve dans une situation qui engendre la paix.

Le terme archange (prononcez : *ark-ange*) vient de l'expression grecque « le plus puissant messager de Dieu ». *Arch* signifie « le premier » ou « le plus puissant », tandis que *ange* signifie « messager de Dieu ». En langage hébreu et babylonien, le nom Michaël signifie « le plus puissant messager qui est comme Dieu ». En d'autres termes, Michaël transmet les purs messages d'amour, de sagesse et de puissance qui proviennent directement du Créateur.

Dans la Bible, Michaël est le seul ange à porter le titre d'« archange ». Il est également appelé « le prince des archanges ». Le livre de Daniel et le livre des Révélations décrivent la façon dont Michaël offre sa protection durant les périodes de troubles.

Un nombre infini de légendes, particulièrement des traditions chrétienne, juive, islamique et celtique, font référence à la force et à la sagesse renommées de l'archange Michaël. Et pourtant, cet archange n'est pas seulement relégué aux textes sacrés. Il vit encore parmi nous aujourd'hui. D'ailleurs, il y a de fortes chances qu'il vous ait déjà aidé, surtout si vous avez fait appel à lui. Il vous a peut-être même guidé vers ce livre.

Avant de poursuivre, cependant, j'aimerais préciser certains points :

1. **Michaël ne veut pas être adoré.** Il accorde toute la gloire à Dieu et ne veut pas qu'on le prie. Il joue le rôle d'intercesseur entre le Créateur et sa création (c'est-à-dire nous). Nous faisons donc appel à lui sans pour autant le prier, ce qui représente une distinction subtile mais importante.

1. **Michaël est illimité.** Il est capable d'aider simultanément tous ceux qui connaissent une expérience unique et individuelle. Alors n'ayez jamais peur de le déranger avec ce que vous considérez comme une requête insignifiante. Michaël souhaite plus que tout aider les êtres humains à créer la paix dans le monde, un individu à la

fois. Il veut donc vous apporter son aide dans tout ce qui *vous* procure la paix.

Même si Michaël est associé à certaines religions, la vérité est qu'il aide tout le monde. Il aime tous les êtres humains d'un amour inconditionnel, tout comme Dieu. Mais aussi puissant qu'il soit, Michaël ne peut intervenir dans votre vie que si vous lui en donnez la permission, étant donné qu'il ne peut pas transgresser votre libre arbitre. Il a donc besoin que vous lui demandiez son aide avant qu'il puisse vous l'offrir.

En rédigeant ce livre, j'ai pris l'habitude de faire appel à l'archange Michaël. J'admire les auteurs des histoires racontées dans les prochains chapitres, car ils ont tous eu la présence d'esprit de faire appel à Michaël lorsqu'ils connaissaient des difficultés. Quand une chose se produit, c'est si facile de dire « Bon sang ! » (ou pire encore). Mais c'est tellement plus productif de simplement s'exclamer « Archange Michaël ! »

Dieu et les anges, y compris Michaël, répondent à tous les appels à l'aide. Vous pouvez donc demander à voix haute, en silence, par écrit ou en chantant. Vous pouvez faire appel à lui au moyen d'une invocation traditionnelle, d'une affirmation ou même d'un simple « À l'aide, Michaël ! » Ce n'est pas la façon dont vous le demandez qui importe, mais que vous le fassiez.

Alors pourquoi faire appel à Michaël quand vous pouvez demander directement à Dieu ? Nul doute que vous devez respecter vos croyances religieuses et spirituelles, et si vous croyez qu'il est préférable de vous adresser seulement à Dieu, alors, c'est la meilleure voie à suivre. J'ai appris que quand nous demandons l'aide du Créateur, les anges sont les messagers qui interviennent. En d'autres termes, les résultats sont les mêmes que nous fassions appel à Michaël ou à Dieu. Vous pouvez demander au Tout-Puissant de vous envoyer Michaël ou vous pouvez vous adresser directement à l'archange.

Comme le principal rôle de Michaël est de protéger (il est le saint patron des policiers et des militaires), il vous protège des énergies inférieures. Si vous doutez de l'intégrité de certains individus ou esprits, faites appel à lui. Comme un videur sacré d'une boîte de nuit, Michaël veille à ce que seuls les êtres d'amour pur et de lumière s'approchent de vous. Aidé de sa « légion d'anges miséricordieux », Michaël intervient aussi avec Jésus, les saints et les autres archanges et divinités religieuses.

La plupart de ceux dont l'histoire est racontée dans ce livre ont vu, senti ou entendu l'archange Michaël. Comme vous le constaterez, ils n'ont rien fait pour invoquer cette visite à part demander son aide sans s'attarder sur *la façon* dont elle allait leur être offerte. Quand vous faites appel à l'archange Michaël, il dit toujours oui… et vous pouvez être assuré que vous recevrez son aide d'une manière parfaite *et* étonnamment agréable.

Dans les quatre prochains chapitres, nous allons explorer la façon dont cet être céleste communique avec nous par l'entremise de nos sens physiques. Votre rencontre avec l'archange Michaël sera sans doute semblable à celle des histoires de ce livre, tout en ayant ses variantes uniques. C'est parce que Michaël est guidé par l'ordinateur le plus complexe, précis et stupéfiant de l'univers : la sagesse divine et infinie de Dieu. Chaque interaction et secours de Michaël sont donc taillés sur mesure pour la personne et la circonstance particulières.

❧ ❧ ❧

CHAPITRE I

VOIR MICHAËL

DANS UN NOMBRE infini de tableaux, il est représenté comme un dieu musclé et ailé, aux traits nordiques, qui se tient au sommet d'une montagne en tenant une épée et un bouclier.

Les descriptions de ceux qui ont pu apercevoir l'archange correspondent beaucoup à ces tableaux. Quand des gens voient Michaël, ils le décrivent habituellement comme étant très grand, avec un regard lumineux ou exotique. Il n'est pas exactement blond et bronzé, comme dans les tableaux, étant donné qu'il n'a ni peau, ni cheveux – c'est plutôt la lumière dorée qui l'auréole qui lui donne un teint bronzé.

Même si Michaël répondra toujours à votre appel, vous êtes plus susceptible de sentir sa présence que de le voir avec vos yeux. Mais si vous avez la chance de l'apercevoir, les histoires dans le présent chapitre peuvent vous donner un aperçu de son apparence visuelle.

LES ENFANTS VOIENT LES ANGES

Les bébés et les jeunes enfants sont pleinement conscients de la présence des anges. Observez les nourrissons et vous les verrez scruter le contour de leurs parents, et se concentrer sur les jolies lumières qui dansent autour des épaules de leur mère (ses anges gardiens !). Même si les bébés semblent sourire sans raison en particulier, je crois que leur joie vient du fait qu'ils voient les anges qui, du Ciel, les ont accompagnés sur la Terre.

Les supposés amis imaginaires sont en fait des anges que les enfants peuvent voir et entendre. Quand les parents écoutent les histoires d'anges de leurs enfants avec respect et ouverture d'esprit, ils les aident à se fier à leur intuition. Comme les enfants ont le cœur et l'esprit ouverts aux nouvelles expériences, ils entrent facilement en relation avec les anges. D'ailleurs, une étude des années 1980 de l'université de l'Ohio a révélé que les enfants connaissaient le plus grand nombre d'expériences psychiques vérifiables, comparativement aux autres groupes d'âge.

Je crois que les enfants sont de merveilleux enseignants spirituels ! Tout comme les jeunes Jeanne d'Arc et Bernadette de Lourdes ont grandement apporté au monde en écoutant la voix divine malgré les fortes critiques, nous pouvons nous aussi apprendre beaucoup des intuitions des enfants.

Je trouve particulièrement fascinant que des jeunes tels que la fille de Sandra Slaght, Meryn, décrivent les traits classiques associés à Michaël sans avoir vu de tableaux ou entendus de descriptions ! Voici les explications de Sandra :

J'étais en cours de divorce et une amie m'avait récemment donné un exemplaire de Guérir avec l'aide des anges, *de Doreen. Nous venions de quitter notre maison familiale pour emménager dans un appartement. Meryn, ma fille de trois ans, avait peur de dormir dans sa nouvelle chambre, alors elle était venue me rejoindre dans mon lit. Je venais de lire un chapitre sur l'archange Michaël et j'ai expliqué à Meryn que chaque fois qu'elle aurait peur, elle pourrait faire appel à lui pour qu'il la protège.*

Elle s'est alors exclamée « Ah oui ! », comme si elle se disait « mais pourquoi n'y ai-je pas pensé avant », puis elle a poursuivi en disant : « Oui, maman. C'est celui avec la grosse épée. »

Avant de lire à son sujet dans le livre de Doreen, je ne savais même pas qu'il tenait à la main une grosse épée ! Il était donc impossible que Meryn soit au courant de l'arme symbolique de Michaël sauf si elle l'avait déjà vu elle-même !

Les récits des enfants à propos de l'archange nous rassurent, nous les adultes, que lorsque nous avons des visions de Michaël avec son épée, ce n'est pas seulement parce que c'est ce à quoi nous nous attendons.

Des parents me demandent souvent comment aider leurs enfants qui souffrent de terreurs nocturnes ou d'insomnie en raison des images terrifiantes qu'ils disent apercevoir dans leur chambre. Lorsque ces chers petits disent qu'il y a des monstres dans leur placard ou des alligators sous leur lit, ce ne sont pas des imaginations. La sensibilité des enfants attire parfois les esprits qui errent parmi les vivants après leur mort. Bien que ces entités ne soient habituellement pas dangereuses, leur présence peut inquiéter les êtres sensibles.

Je crois qu'il est essentiel que les parents parlent à leurs enfants de l'archange Michaël, qui est capable d'éloigner les esprits errants. Les enfants se sentent plus confiants quand ils savent qu'ils peuvent demander sa protection physique et spirituelle, comme l'a appris de sa mère la jeune Celeste Amour, une fillette de trois ans. Voici le récit de sa mère :

> *Celeste, ma fille de trois ans, nous parle souvent, à mon mari et à moi, des diverses personnes qui viennent la visiter et des amis spéciaux qu'elle rencontre et que nous savons être des esprits. Je l'ai toujours encouragée à faire appel aux anges et je lui ai souvent parlé de la façon dont ces êtres nous protègent tous.*
>
> *Il y a peu de temps, Celeste s'est mise à voir un esprit masculin qui la troublait énormément. Elle a commencé à souffrir de terreurs nocturnes et à refuser d'aller au lit. Elle se plaignait que « l'homme avec un trou dans le cou » ne cessait de venir la voir.*
>
> *Âgée d'à peine trois ans, Celeste était de toute évidence effrayée et incapable de trouver un sens à la présence de son visiteur. Je l'ai encouragée à faire appel aux anges et à prier pour qu'ils la protègent. Cela a fonctionné temporairement. Mais l'homme est vite revenu et Celeste en était profondément perturbée !*
>
> *J'ai donc appelé un conseiller spirituel pour avoir de l'aide. Il m'a recommandé une façon de faire appel à l'archange Michaël et m'a expliqué que l'homme que Celeste*

voyait n'avait pas réussi à passer complètement dans l'au-
delà et cherchait l'aide de la fillette.

Ce soir-là, ma fille est terrifiée. Elle a refusé de dormir en
disant que l'esprit allait venir. Je lui ai expliqué que si cela
se produisait, elle devait demander à l'archange Michaël de
l'aider et de dire au visiteur d'aller vers la lumière.

Le lendemain matin, Celeste m'a serrée dans ses bras
et a aussitôt annoncé : « L'homme avec le trou est parti. »
Puis, elle a ajouté : « L'ange Michaël est apparu dans ma
chambre ! Il s'est étendu près de moi. Je me suis couchée
sous son aile et il a dit 'Ne pleure pas, Celeste' et je me suis
endormie. »

C'était la chose la plus merveilleuse que j'aie entendue
de ma vie et j'étais tellement heureuse pour elle. L'archange
Michaël est vite devenu le nouveau copain de Celeste et
l'homme avec un trou dans le cou n'est plus jamais revenu.

Même s'il est à la fois sain et utile pour les parents de parler des anges à leurs enfants (et surtout de la façon de faire
appel à l'archange Michaël dans des situations de stress), ce
n'est pas toujours nécessaire. Très souvent, les enfants décou-
vrent Michaël parce qu'il leur rend visite, de même que les
autres assistants célestes, et leur indique directement ce qu'il
peut faire pour eux, comme cela est arrivé à la fille de Maria
Taylor :

Un jour, j'étais en train de regarder une image représentant un ange avec ma fille Rachel, alors âgée de sept ans.
Elle m'a demandé de qui il s'agissait et j'ai dit : « Je ne suis
pas certaine, mais je crois que c'est l'archange Uriel. »

« *Eh bien, ce n'est pas l'archange Michaël – ça, j'en suis certaine !* » *a dit Rachel avec conviction.*

« *Ah non ? ai-je demandé. Comment le sais-tu ?* »

Elle m'a regardée d'un air détaché, comme si j'aurais dû le savoir. « *Parce que ça ne lui ressemble pas !* »

Cela a piqué ma curiosité et j'ai répliqué : « *D'accord, ma chérie. Comment sais-tu à quoi il ressemble ?* » *J'essayais de ne pas avoir l'air de douter et je choisissais mes mots avec soin pour ne pas influencer ma fille.*

Mais je n'avais aucune raison de m'inquiéter, car Rachel a simplement répondu : « *Parce que je l'ai vu.* »

« *Et quand l'as-tu vu, ma chérie ?* »

Elle m'a expliqué : « *Une nuit que j'avais peur et que j'essayais d'être brave. J'étais vraiment effrayée et j'ai vu un homme qui était entouré d'une lumière blanche.* »

« *Et cela ne t'a pas fait peur, Rachel ?* »

« *Non, parce qu'il m'a dit de ne pas avoir peur.* »

Je me suis penchée vers elle et je lui ai demandé : « *Mais comment sais-tu que c'était Michaël ?* »

Elle m'a regardée droit dans les yeux et a répondu : « *Parce qu'il m'a dit qui il était quand je le lui ai demandé ! Il m'a bordée dans mon lit et m'a dit 'N'aie pas peur, je suis Michaël'.* »

Rachel dort maintenant paisiblement, rassurée que l'archange Michaël veille sur elle.

Vous pouvez parler ouvertement à vos enfants de l'archange Michaël et de la protection qu'il peut leur assurer. Vos enfants et vous pouvez faire appel à lui en tenant compte de vos traditions religieuses. Vous pouvez, par exemple, demander à Dieu d'envoyer Michaël ou demander à la fois la présence de Jésus et de Michaël. L'archange n'appartient à aucune religion ; il est donc heureux d'aider tout le monde.

Voici des façons appropriées de discuter des anges avec votre enfant, en fonction de son âge et de son niveau scolaire :

- **Niveau préscolaire :** Lisez ensemble un livre pour enfants qui traite des anges. Pointez les images et posez des questions à votre garçon ou à votre fille, et laissez votre enfant s'exprimer librement. Répondez honnêtement aux questions de votre enfant.

- **Niveau primaire :** Dessinez ensemble des images d'individus et d'anges tout en parlant de ce que vous ressentez tous les deux envers ces messagers célestes et des expériences que vous avez connues avec eux, si c'est le cas. (Parlez d'un ton léger et évitez de dire quoi que ce soit qui pourrait effrayer l'enfant.)

- **Niveau secondaire de premier cycle :** Regardez un film ou une émission de télévision ayant pour thème les anges et discutez ensemble de ce que vous en pensez sincèrement. Laissez votre enfant exprimer librement ses opinions.

- **Niveau secondaire de deuxième cycle :** Écoutez une chanson populaire qui fait référence aux anges, comme *Calling All Angels,* de Train, *Angel,* de Sarah McLachlan, *Send me an Angel,* de Real Life ou *She Talks to Angels,* des Black Crowes.

Durant votre conversation, il est important de tenir compte des points suivants :

1. Vous, le parent, êtes prêt à écouter avec ouverture d'esprit les sentiments et les pensées de votre enfant à propos des anges. Une fois que les enfants sentent que vous les avez entendus, ils sont plus ouverts à entendre vos enseignements et vos conseils.

2. Parlez à votre enfant de l'archange Michaël et de sa disponibilité à aider quiconque le lui demande.

3. Il existe de nombreuses façons tout aussi efficaces de faire appel à Michaël. Votre enfant peut dire ou penser le nom de l'archange, regarder un tableau de lui, souhaiter qu'il vienne, colorier un dessin de lui ou écrire son nom sur un bout de papier et déposer ce dernier sous son oreiller. Michaël est le plus puissant des anges et il est illimité, alors vous pouvez avoir confiance qu'il répondra à l'appel de votre enfant. Il veillera à ce que seuls les anges de l'amour pur de Dieu viennent visiter votre cher petit.

4. Habituellement, après avoir fait appel à Michaël, votre garçon ou votre fille cesse vite d'avoir peur, car sa présence a un effet calmant.

5. Demandez à votre enfant de vous parler de ses expériences avec Michaël et de vous poser toutes les questions qui lui viennent en tête.

VOIR DES SIGNES DE LA PRÉSENCE DE MICHAËL

Plutôt que de voir l'ange, la plupart des gens voient des preuves de la présence de Michaël. Il communique de façon claire et il est probable que vous entendiez ses conseils dans votre esprit ou que vous ayez une intuition. Cependant, pour être certain d'être compris, Michaël envoie également des signes physiques comme des plumes afin que vous sachiez que ses conseils sont réels.

Vous pouvez dire à Michaël : « De grâce, envoie-moi un signe dans le monde physique que je pourrai facilement voir et comprendre. » Vous pouvez formuler autrement votre demande, mais sans jamais préciser le type de signe que vous désirez. Laissez cela à la discrétion des anges. Une fois votre demande faite, le signe apparaîtra – il suffit simplement de le remarquer. Comme Susan l'a découvert, cependant, les signes de Michaël sont toujours clairs comme de l'eau de roche :

> *La veille de son départ pour un séjour de quinze jours en Australie, mon fils Sean et moi étions allés nous promener au parc local. Il devait en effet partir avec le groupe People to People Student Ambassadors, composé d'élèves qui venaient de finir leur cinquième, sixième ou septième année du primaire. Au début, j'avais craint que Sean soit trop jeune pour participer à un voyage aussi loin de la maison.*
>
> *Mais mon inquiétude s'est vite atténuée quand j'ai vu à quel point il était enthousiasmé par toutes les choses merveilleuses qu'il allait découvrir en visitant l'Australie. Rassurée, j'ai éprouvé un profond sentiment de paix. Je*

savais que je devais le laisser faire et cesser de m'inquiéter. Effectivement, nous avons réussi à surmonter chaque obstacle en planifiant et en payant le voyage.

J'étais donc dans le parc à savourer ces derniers moments avec mon fils et à photographier dans ma tête cette image de lui en train de jouer dans le ruisseau quand, tout en essuyant une larme, j'ai demandé à Dieu de m'indiquer au moyen d'un signe évident que Sean reviendrait sain et sauf à la maison.

J'ai reçu la réponse plutôt rapidement quand nous sommes retournés à l'automobile. Là, au milieu de la rue derrière moi, il y avait une image sainte représentant l'archange Michaël. Nous n'avions pas vu la carte en nous rendant au ruisseau un peu plus tôt et il n'y avait personne d'autre que nous. Après cette découverte, nous savions tous les deux qu'il n'y avait aucune raison de nous inquiéter. Et nous avons dormi en paix !

Souvent, Michaël envoie des signes pour nous aider à savoir qu'il veille sur nous et atténuer nos peurs d'être seuls ou sans guide. Les histoires comme celle de Liv Lane m'aident à croire que l'archange Michaël est un artiste qui signe son œuvre :

Depuis plusieurs semaines, mon jeune garçon avait de la difficulté à dormir parce qu'il sentait la présence d'êtres malveillants dans sa chambre. Nous avions essayé toutes sortes de moyens pour atténuer ses peurs, mais il refusait de dormir. J'étais désespérée de trouver de l'aide (et de nous permettre à tous *de dormir !), mais je ne savais pas à qui faire appel.*

Puis, un après-midi, pendant que je faisais des courses, j'ai pensé à l'archange Michaël et j'ai demandé ses conseils et son aide pour mon fils. Je me suis garée dans un stationnement pour rassembler mes pensées et j'ai soudainement remarqué dans le ciel un arc-en-ciel plutôt petit, mais aux couleurs éclatantes. Puis, j'ai pouffé de rire en constatant que l'arc-en-ciel se trouvait directement au-dessus d'une boutique Michaels Arts & Crafts ! Je l'ai considéré comme un signe intelligent de la part de l'archange qui m'indiquait ainsi qu'il avait reçu mon message et était heureux de m'aider.

Les signes peuvent aussi prendre la forme d'une réponse aux questions que vous vous posez. Chaque fois que vous êtes tendu ou en conflit avec vous-même, prenez un moment pour demander à Dieu et aux anges de vous conseiller. Ils vont vous répondre immédiatement et vont souvent accompagner leur message d'un signe physique, comme une femme nommée Oceanna l'a découvert :

L'archange Michaël est vraiment celui à qui je préfère faire appel parce qu'il constitue une présence si puissante et si aimante, et qu'il a un incroyable sens de l'humour.

Voici un de mes exemples préférés. Un jour, alors que je me sentais accablée et vulnérable, je conduisais mon auto tout en exprimant à Dieu et aux anges ce que je ressentais et en me vidant le cœur.

« *Oh ! chers anges !, soupirai-je tout en sentant une larme couler sur ma joue, que suis-je supposée faire ?* »

Je venais à peine de prononcer ces mots que quelque chose à ma gauche a attiré mon attention. C'était un immense tableau électronique sur lequel était écrit en lettres majuscules clignotantes : DEMANDEZ À MICHAËL ! Dans mon trouble, j'avais oublié de demander son aide !

J'ai éclaté de rire et mon cœur s'est empli d'amour pour cet être de lumière si beau et puissant. Je savais que l'archange Michaël se trouvait avec moi et il a guéri mon cœur brisé. À ce moment-là, je me suis sentie tellement en sécurité et aimée que j'ai récité une prière de gratitude et lui ai demandé d'intervenir pour m'aider dans ma situation.

Tout a été résolu en moins de deux jours. J'ai trouvé le courage de dire ce que je pensais vraiment et de prendre ma vie en main. Je sais que Michaël se trouvait à mes côtés pendant tout ce temps, qu'il m'enveloppait dans ses ailes glorieuses. Ma relation avec l'archange ne cesse de grandir, car il m'en apprend davantage chaque jour. Je n'oublie jamais de lui demander son aide et ses conseils…, mais je sais que si un jour j'oublie, il sera là pour me le rappeler !

Les signes des anges révèlent leur merveilleux et aimable sens de l'humour. Dans le cas d'Oceanna, le signe s'est révélé plutôt « lumineux ». Il lui a rappelé que Dieu et les anges ne peuvent pas intervenir et transgresser son libre arbitre; elle doit d'abord demander leur aide. J'adore cette histoire parce qu'elle représente un message clair de l'au-delà.

Mais les signes des anges ne sont pas toujours aussi évidents que celui d'Oceanna. Ils sont parfois plus subtils, comme dans le cas de Susie Sparks quand elle a demandé à Michael de lui en donner un :

L'autre jour, je me préparais à aller faire du vélo. Je m'étais promis de faire de l'exercice tous les matins, en me disant que cela allait m'aider à améliorer mon attitude dans mon travail d'infirmière. Ce jour-là, en particulier, j'avais vraiment le vague à l'âme.

J'étais donc en train de pédaler sous la bruine, en me plaignant en silence à propos de mon travail et en me demandant si les anges avaient entendu ma prière. J'ai dit à voix haute : « Archange Michaël, envoie-moi un signe, s'il te plaît, que je sache que tu es avec moi. »

En tournant, j'ai aperçu un immense arc-en-ciel. Il était magnifique ! J'ai baissé la tête avec humilité et j'ai freiné pour remercier l'archange Michaël. Cela ne semble peut-être pas si significatif pour certains, mais, pour moi, c'est exactement ce dont j'avais besoin.

Comme l'a mentionné Susie, l'arc-en-ciel n'aurait peut-être pas été un signe suffisamment clair pour certaines personnes, mais elle savait ce qu'il signifiait. Voilà pourquoi il est important de remarquer et de respecter vos réactions, car elles peuvent confirmer les messages de votre ange.

Il n'empêche que bon nombre des signes envoyés par Michaël sont d'ordre cosmique et naturel. Il peut s'agir entre autres d'un arc-en-ciel, de nuages en forme d'ange et même d'une étoile filante, comme Laura Cohen en a fait l'expérience :

Un soir d'été où il faisait très noir, mon fils Jeremy et moi nous promenions sur la piste d'athlétisme de l'école secondaire de notre quartier. Jeremy, qui a treize ans, s'est alors écrié : « Maman, j'ai peur. Je sens des mauvaises vibrations. »

Je ressentais secrètement la même chose, mais je ne voulais pas l'effrayer. Pour atténuer sa peur, j'ai dit : « Pourquoi ne demandons-nous pas à l'archange Michaël de nous protéger de tout danger et de nous guider ? » Puis, nous avons invoqué ensemble le puissant archange.

Jeremy, qui faisait le tour de la piste à vélo, s'est mis à pédaler plus vite, me devançant, tandis que je poursuivais à pied derrière lui. Dès qu'il eut accéléré, j'ai aperçu l'étoile filante la plus grosse et la plus spectaculaire de ma vie former un arc complet au-dessus de la tête de mon fils, dans le ciel noir. Il n'y avait pas de clair de lune ce soir-là, alors la flèche de lumière était particulièrement éclatante.

J'ai immédiatement su que l'archange Michaël venait de répondre à nos prières. Nous étions protégés et, à partir de ce moment, j'ai continué de marcher autour de la piste en éprouvant un profond sentiment de paix et en sachant que j'étais entourée et guidée par le plus grand guerrier des anges. Les nombreuses fois auparavant où je m'étais adressée à cet ange puissant, une étoile filante était venue confirmer que mes prières avaient été entendues.

Comme l'archange Michaël est un protecteur, ses signes sont toujours conçus pour réconforter et rassurer. Il veut que vous sachiez qu'il est auprès de vous et qu'il entend vos prières et vos questions. Si vous ne vous fiez pas aux signes qu'il envoie ou si vous ne les remarquez pas, il va communiquer son message différemment jusqu'à ce que vous trouviez la paix. Vous pouvez aussi dire à Michaël que vous ne voyez pas ou ne comprenez pas les signes qu'il envoie ou encore que vous ne vous y fiez pas. L'archange appréciera votre candeur et sera heureux de vous aider à identifier les signes.

Parfois, pour être certain que son message soit bien compris, Michaël transmet de nombreux signes. Il inclut souvent son nom, comme la signature d'un artiste, sur un grand nombre de ses messages physiques, comme il l'a fait pour une femme nommée Sarah, durant un long trajet en automobile :

> *Mon frère, ma mère et moi quittions le Texas pour aller vivre en Californie. Nous roulions dans une Jeep derrière laquelle était accrochée une remorque de location. C'était la première fois que nous conduisions avec une remorque et nous n'étions pas conscients du défi que cela représentait avant de prendre la route. J'ai pris le volant, mais la remorque s'est mise à tanguer et m'a paru trop instable. Craignant que je perde la maîtrise de la Jeep, mon frère a décidé de conduire. Il a été en mesure de tenir fermement le volant et de conduire avec une aisance que je n'avais pas avec la remorque. Pendant qu'il conduisait, j'étais assise sur le siège arrière et je lisais mes livres sur les anges. J'ai demandé à l'archange Michaël de nous protéger durant le trajet. Je ne savais pas à quel point nous en aurions besoin !*
>
> *À environ une heure de route de Phoenix, nous roulions sur l'autoroute à la limite de vitesse de 128 kilomètres à l'heure quand la remorque s'est mise à tanguer et mon frère a perdu la maîtrise du véhicule. Nous nous sommes retrouvés*

dans un fossé sur le terre-plein central de l'autoroute. Je ne sais comment, mais la Jeep n'a subi aucun dommage !

En reprenant la route, j'ai levé les yeux et j'ai vu « 444 » sur un panneau. Je sais que cela signifie « les anges sont avec vous ». Puis, un semi-remorque nous a doublés. Il portait le chiffre « 444 » sur sa plaque d'immatriculation et les mots Michael Most (une compagnie de camionnage) peints sur le côté. À ce moment-là, j'ai su que l'archange Michaël nous guidait et nous protégeait. J'ai revu à deux reprises le même camion Michael Most durant notre trajet, la dernière tout juste avant notre arrivée à destination.

Après avoir emménagé, mon frère a effectué une recherche sur les remorques. Il a dit qu'il ne savait pas comment nous avions fait pour arriver en vie, car nous avions enfreint beaucoup de règles de sécurité en conduisant avec une remorque. Cela a confirmé toutes mes pensées, c'est-à-dire que nous avions bel et bien été guidés jusqu'à la maison par l'archange Michaël.

Les gens me disent fréquemment qu'ils pigent la carte de l'archange Michaël dans mon jeu de 44 cartes divinatoires, comme signe qu'il les aide. Comme les cartes divinatoires représentent une façon physique de communiquer avec les anges, il est logique que Michaël se serve d'un outil qui comporte son image et son nom pour nous faire signe. Elisabeth Roosendaal nous explique qu'elle a pigé sa carte divinatoire de l'archange Michaël avant de comprendre sa signification et son impact :

Cela fait un bon moment que l'archange Michaël me laisse savoir qu'il est à mes côtés. Récemment, j'ai effectué un tirage en utilisant les Cartes divinatoires des archanges de Doreen et j'ai pigé l'archange Michaël, la carte « Vous êtes en sécurité » sur laquelle était écrit le message suivant : Je vous protège contre les énergies inférieures et je veille sur vous, sur les êtres qui vous sont chers et sur votre foyer.

Sur le coup, je ne voyais pas le lien avec la question que j'avais posée, mais j'ai tout de même apprécié le message. Le soir suivant, je suis allée en ville avec mon frère et un ami, et nous sommes revenus à la maison plusieurs heures plus tard. Nous avons trouvé la porte d'entrée ouverte et la maison plongée dans le noir. C'était louche. Mon frère et notre ami sont allés voir à l'intérieur et j'ai alors pensé à la carte que j'avais pigée. J'étais alors certaine que nous ne courions aucun danger et que la maison se trouverait exactement dans le même état que nous l'avions laissée. Et elle l'était.

Tout comme les auteurs de ces histoires, vous pouvez recevoir des signes de Dieu, de Michaël et des autres anges en posant simplement une question ou en demandant un signe. Il peut s'agir de signes physiques ou vous pourriez même apercevoir l'aura brillante de l'archange Michaël, comme je l'explique ci-après.

LES LUMIÈRES BLEUES ET VIOLETTES DE MICHAËL

Tout le monde possède une aura, que ce soit un être humain, un animal ou un ange. Cette lumière irradie de l'amour de notre créateur et de la force vitale de notre âme.

Les anges gardiens émettent un magnifique rayonnement d'un blanc immaculé que certaines personnes voient avec leurs yeux. Ces « lumières angéliques » ressemblent à des scintillements ou à des éclats lumineux (semblables au flash d'un appareil photo). Elles prennent la forme de halos blancs sur les photographies numériques (surtout celles prises la nuit) et sur les photographies Kirlian (pour les auras).

Les archanges, qui sont plus grands et plus puissants que les anges gardiens, possèdent des lumières colorées qui correspondent à la mission spécifique de chacun. L'aura de l'archange Michaël est d'un violet royal si brillant qu'on dirait qu'il est bleu cobalt. Il irradie aussi une lumière dorée qui le fait paraître bronzé et blond.

Cette lumière est liée au Christ. Ceux qui ont vu Jésus au cours de leurs prières, de leurs méditations, de leurs rêves ou d'une expérience de mort imminente mentionnent toujours le halo doré autour de sa tête. Regardez n'importe quel tableau traditionnel de Jésus. Vous remarquerez que les artistes voient ou sentent également la présence de ce rayonnement doré, car sa tête est toujours entourée de ce halo.

Comme Michaël est beaucoup lié au Christ (même s'il n'est associé à aucune religion en particulier), l'archange rayonne aussi un halo doré tout près de son corps. Une autre couche lumineuse entoure ensuite la première. Cette couche supplémentaire est de très grande dimension et ceux qui communiquent avec Michaël disent souvent qu'ils voient des scintillements ou des éclats violets ou d'un bleu éclatant.

Ceux qui voient les « lumières angéliques » sont soulagés de découvrir qu'ils ont une bonne vision (beaucoup m'ont dit qu'ils étaient allés consulter un ophtalmologiste et que ce dernier n'avait pas pu trouver de cause organique à ce phénomène).

Les lumières étincelantes bleues ou violettes sont un signe que Michaël est tout près, comme l'a découvert une femme nommée Pushtie :

Je suis une actrice en Inde. Un jour, avant de partir très tôt le matin pour aller tourner une scène, j'ai demandé à l'archange Michaël de veiller sur moi et de protéger ma maison. Je le fais tous les matins, en plus de demander à Michaël : « Y a-t-il une chose que je dois faire avant de quitter la maison ? »

Souvent, en réponse à cette question, j'ai une intuition ou une pensée qui me dit d'apporter un objet que j'ai oublié. Mais ce jour-là, j'ai clairement entendu Michaël me dire que je n'avais pas fermé le chauffe-eau de ma salle de bains. Je ne l'ai pas cru, parce que je prends toujours soin de le fermer après avoir pris ma douche. Je me suis donc dirigée vers la porte pour aller travailler… quand une lumière violette est apparue dans l'entrée, me bloquant pratiquement le chemin ! J'ai également remarqué une sensation de chaleur à cet endroit.

J'ai senti un frisson me parcourir l'échine en imaginant mon chauffe-eau en train d'exploser et de mettre le feu à la maison. J'ai donc décidé d'aller vérifier dans la salle de bains et, à ma grande stupéfaction, j'ai vu que j'avais effectivement laissé le chauffe-eau allumé ! En le fermant, ma main est accidentellement entrée en contact avec l'appareil brûlant et j'ai constaté qu'il aurait sans doute explosé dans moins d'une heure.

L'archange Michaël m'avait ainsi aidée à sauver ma maison.

J'ai également constaté que les gens qui font appel à Michaël sont beaucoup attirés par le bleu éclatant et le violet intense. Alors si vous vous surprenez à acheter des verres bleu cobalt ou à enfouir votre visage dans une couverture pourpre royal, votre attirance pour ces couleurs est un signe que vous avez la collaboration de cet archange.

Beaucoup de gens disent voir les lumières bleues de Michaël durant une période difficile, comme les traces que Superman laissait derrière lui quand il descendait en piqué pour sauver le monde. Ce fut certainement le cas pour Shirley Mischael-Morales qui a été protégée par l'archange Michael :

Mes deux jeunes enfants et moi roulions sur un pont à huit voies très fréquenté quand un accident a entraîné l'arrêt de la circulation dans deux voies. J'étais en retard à un rendez-vous et frustrée que les véhicules à ma gauche circulent trop vite pour que je puisse changer de voie, mais je n'ai pas eu d'autre choix que de freiner. Puis, j'ai jeté un coup d'œil dans le rétroviseur et j'ai aperçu un gros véhicule qui fonçait à grande vitesse.

Le conducteur a freiné brusquement et a perdu la maîtrise de son véhicule. Ce dernier a heurté le parapet, il a effectué une rotation, puis a foncé en direction de mon auto. Soudain, un éclat bleu a attiré mon attention et j'ai vu l'archange Michaël dans le ciel. La lumière ressemblait à une étoile qui explosait dans mon front.

J'ai aussitôt été guidée à réagir rapidement. Pendant que mon état de conscience s'intensifiait, le monde physique semblait être au ralenti. Sans prendre le temps de vérifier si des automobiles venaient, j'ai appuyé sur l'accélérateur et pris la voie de gauche — juste à temps pour ne plus me trouver sur la trajectoire du véhicule. Ce dernier m'a tout de même frôlé sur le côté et a heurté deux autres véhicules, mais il a réussi à éviter ce qui aurait été une collision mortelle. Même si le danger était réel, la présence de l'archange Michaël m'avait aidée à demeurer calme. Grâce à lui, j'avais pu agir avec clarté et précision.

La femme qui conduisait le véhicule a couru vers moi. Quand elle a aperçu les enfants dans mon auto, elle m'a serrée dans ses bras et s'est exclamée : « Dieu merci, ils sont en vie ! Dieu merci, nous sommes tous en vie ! »

Un homme s'est alors approché et a expliqué d'un air anxieux qu'un peu plus tôt, il roulait vite dans la voie que je venais d'emprunter, mais que quelque chose lui avait dit de changer rapidement de voie pour que mon auto puisse éviter d'être emboutie par l'autre véhicule. Pourtant, rien ne pouvait logiquement laisser deviner qu'un véhicule immobilisé surgirait soudainement devant lui. Il s'est senti miraculeusement guidé. Tout s'était produit trop rapidement; l'accident n'aurait jamais pu être évité sans une intervention céleste.

L'expérience s'est avérée un don précieux qui a confirmé la présence protectrice de l'archange Michaël et mon habileté à recevoir ses conseils et à veiller sur mes enfants.

Shirley a non seulement vu l'archange Michaël et sa lumière, elle a également reçu ses conseils sous forme de pensées silencieuses qui l'ont guidée dans sa conduite. Le calme qu'elle avait ressenti lors de cette situation excessivement dangereuse est une preuve suffisante de l'intervention divine.

Ursula Lovelock a elle aussi aperçu la lumière bleue de Michaël prouvant qu'il lui avait sauvé la vie. En lisant son histoire, vous pouvez presque imaginer l'archange surgir et disparaître si rapidement que seule sa traînée lumineuse est demeurée visible :

Je demande la protection de l'archange Michaël pour moi et ma famille depuis que j'ai découvert les anges, en 2002. Au début de 2003, mon fils Tristan et moi revenions de faire des courses. J'ai garé l'auto dans le garage et aidé Tristan, qui avait alors deux ans et demi, à descendre de son siège de sécurité.

En sortant du garage, j'ai saisi la porte lourde et j'ai tiré dessus de manière à ce qu'elle se referme seule, emportée par son poids. Je croyais que Tristan se tenait derrière moi, mais au moment où la porte métallique s'est mise à glisser rapidement, j'ai soudainement ressenti le besoin de la retenir.

J'ai alors cherché Tristan des yeux : il se trouvait directement sous la porte lourde que j'avais réussi à arrêter à seulement quelques centimètres de ses jolies boucles blondes.

Dans l'espace qui séparait la porte de la tête de mon fils, j'ai vu la carte de visite de l'archange Michaël : quatre ou cinq scintillements d'un bleu éclatant qui ont tournoyé durant un moment avant de disparaître. Je sais que la porte aurait écrasé le crâne de Tristan si elle s'était refermée sur lui. Merci, archange Michaël !

Comme l'a mentionné Ursula, cela faisait quelques années qu'elle demandait l'aide de l'archange et elle a constaté qu'il ne peut transgresser notre libre arbitre en intervenant sans notre permission. Mais une fois que nous avons demandé son aide, place à l'archange – car Michaël est toujours prêt à sauver la situation !

L'expérience de Tracy Hanratty, dont la voiture a été cambriolée, est un parfait exemple. Michaël n'a pas pu protéger ses biens parce qu'elle n'avait pas demandé son aide. Mais une fois que Tracy lui a demandé de veiller sur elle et de la protéger, il est aussitôt apparu, comme les lumières bleues qui sont sa signature l'ont révélé :

Un soir après le travail, j'ai garé l'auto sur le côté de la maison, puis je me suis précipitée à l'intérieur parce que mon fils n'allait pas bien. Dans ma hâte, j'ai laissé des objets dans l'auto. Quand je suis revenue les chercher, j'ai remarqué que trois vitres avaient été fracassées et que les objets avaient été volés. Je suis demeurée complètement abasourdie, incapable de croire qu'une telle chose avait pu se produire.

Ce soir-là, je me suis sentie vulnérable dans ma propre maison. J'étais inquiète que la personne qui avait fracassé les vitres de mon auto rôde encore dans les parages. Je savais que je ne dormirais pas beaucoup.

Puis, je me suis rappelée que Doreen conseillait aux gens de demander à l'archange Michaël de placer des anges au nord, au sud, à l'est et à l'ouest de la maison pour la protéger. C'est ce que j'ai fait et, durant la nuit, je me suis réveillée à plusieurs reprises et j'ai vu dans ma chambre des scintillements et des traits lumineux d'un bleu royal éclatant. Je n'avais pas peur… j'étais vraiment consciente d'être protégée et j'ai éprouvé un sentiment de paix. Maintenant, je demande tous les soirs aux anges de protéger ma maison ainsi que mon automobile.

Tracy a donc tiré une leçon de cette expérience et, maintenant, elle demande chaque soir aux anges de la protéger de même que ses biens. Voilà une habitude saine et intelligente à acquérir !

La seule exception à la clause du « libre arbitre » que les anges doivent respecter est lorsqu'une personne est sur le point d'être tuée avant que ce soit son heure de mourir. Dieu et les anges peuvent intervenir sans la permission d'une personne pour lui sauver la vie. Parfois, ils le font directement, alors qu'à d'autres occasions, ils donnent des directives divines à la personne, comme cela m'est arrivé en 1995, un jour où ma vie a été menacée lorsque deux voleurs armés ont voulu s'emparer de mon automobile. Si je n'avais pas suivi leurs conseils, je ne serais peut-être plus en vie aujourd'hui.

Mais quant à savoir pourquoi certaines vies sont miraculeusement sauvées et d'autres pas, cela demeure un mystère terrestre que nous ne comprendrons peut-être que lorsque nous aurons traversé au-delà des trois dimensions. De toute manière, il y a suffisamment de gens qui font l'objet d'une intervention miraculeuse pour nous donner à croire que des êtres veillent sur nous et nous protègent.

Dans l'histoire suivante, Sheila n'avait pas spécifiquement demandé l'aide de l'archange Michaël, mais il est tout de même venu à sa rescousse parce que sa vie était en danger. Sheila affirme qu'il lui a sauvé la vie et elle sait que c'était lui en raison de sa lumière bleue symbolique :

> *J'ai été victime d'un grave accident de la route quand un camion a foncé sur moi alors que j'étais immobilisée à un feu de circulation. Le conducteur a donné un coup de volant à la dernière seconde et a heurté l'aile arrière droite de mon automobile à une vitesse d'environ 128 kilomètres à l'heure. Sous la force de l'impact, mon auto a été propulsée au milieu de la circulation inverse et a alors été heurtée sur le côté passager par un autre véhicule, ce qui lui a fait faire une rotation de 360 degrés.*
>
> *C'est alors que j'ai vu un éclair bleu lumineux ! Mon auto était en perte totale et le seul endroit qui n'avait pas été touché était le côté conducteur. J'ai été transportée à l'hôpital avec pour seules blessures quelques coupures, des ecchymoses et une fracture de la clavicule.*
>
> *Depuis, j'ai appris que l'éclair bleu que j'avais vu pendant l'accident était un signe de la présence de l'archange Michaël. Il m'a vraiment protégée ce jour-là, car la police, les pompiers et les médecins étaient stupéfaits que j'aie si peu de blessures et que je sois encore en vie. Merci Michaël !*

Quand nous subissons un grand stress, nous devenons tellement concentrés intérieurement que nous cessons d'être conscients de la présence de nos anges et de leurs messages. Voilà pourquoi les personnes qui ont le plus besoin de leurs assistants célestes sont souvent incapables de les entendre ! Heureusement, les anges font preuve de beaucoup de créativité et de persévérance pour répondre à nos prières. Parfois, cela signifie qu'ils agissent par l'intermédiaire d'un ami ou d'un membre de notre famille, comme c'est arrivé à Penny Taylor :

Ce jour-là, je n'allais pas très bien. C'était dimanche, il pleuvait et j'étais déprimée, alors j'ai décidé d'hiberner et de regarder la télévision, emmitouflée dans ma couverture électrique. Vidée de mon énergie, j'éprouvais un profond sentiment de noirceur et de perte, en raison de la dépression et du chagrin qui m'accablaient. Je me sentais perdue et déconnectée de Dieu.

J'ai senti que je n'avais plus d'autre choix que de prier et, en pleurant à chaudes larmes, j'ai demandé de tout mon cœur d'être soulagée de mes pensées tristes. J'ai supplié l'archange Michaël de m'envoyer un signe pour me montrer qu'il était vraiment à mes côtés et qu'il ne m'avait pas abandonnée.

Ce qui s'est produit après m'a paru très significatif... en plus de s'avérer une réponse instantanée à ma prière ! Une amie qui habite loin de chez moi m'a envoyé un message sur mon téléphone portable qui disait : « Je ne sais pas pourquoi, mais je viens d'avoir une vision de toi. Tu étais complètement vêtue et enveloppée d'une magnifique lumière mauve. Qu'est-ce que cela signifie ? Tu vas bien ? »

En lisant le texte, je suis demeurée bouche bée. Cette amie n'était pas du type à parler de ce genre de choses et elle m'a envoyé son message immédiatement après que j'aie demandé un signe à l'archange Michaël.

Inutile de dire que cela m'a remonté le moral. J'ai réalisé que j'aurais mieux fait de prier et de demander de l'aide avant de me laisser sombrer dans ma dépression ! Nous méritons tous le soutien et l'amour de Dieu et des anges. Il suffit simplement de demander !

Voilà un message qui est bon à retenir : comme le dit Penny, « il suffit simplement de demander ». Elle en sait quelque chose après avoir obtenu de Michaël le signe qu'elle avait demandé. L'archange apparaît toujours sous la forme appropriée à la situation et aux personnes concernées… et parfois cela signifie que nous pouvons clairement le voir.

VOIR MICHAËL DANS LES RÊVES ET LES MÉDITATIONS

Beaucoup de gens « voient » Michaël dans leurs rêves. Nous sommes plus susceptibles de voir et d'entendre un ange pendant que nous dormons parce que notre esprit alimenté par l'ego et la peur dort également. Notre cœur et notre esprit sont plus ouverts et moins distraits quand nous sommes dans cet état et cessons de nous accrocher à notre pensée « tridimensionnelle ».

Parfois, les gens sont incapables de se rappeler leurs visions nocturnes à leur réveil. L'information qu'ils ont reçue dans leurs rêves leur paraît insensée. N'empêche, tout ce que nous apprenons dans nos rêves demeure dans notre inconscient et nous aide.

Certaines personnes voient un représentant de Michaël, comme dans le rêve d'Eshantie :

> *À cette époque, je me battais pour avoir la garde de mon enfant et je me sentais très seule. Un soir avant d'aller au lit, j'ai prié l'archange Michaël et je lui ai demandé de se manifester, car j'avais vraiment besoin qu'on me confirme que je n'étais pas seule dans l'univers.*
>
> *Cette nuit-là, j'ai rêvé à un ami d'enfance qui était décédé dix ans plus tôt. Il s'appelait Michaël. Dans mon rêve, j'étais assise près de lui et j'ai éprouvé un profond sentiment de calme ; j'ai aussi senti que tout irait bien.*
>
> *Je crois que l'archange Michaël s'est servi de mon vieil ami pour me faire un signe, car je n'avais jamais rêvé à lui avant et cela ne s'est pas reproduit.*

L'archange Michaël s'est adressé à Eshantie d'une manière acceptable pour son esprit. Il est puissant et gentil à la fois, alors si le fait de voir un ange risque d'effrayer une personne, il envoie un signe ou un symbole.

Nous sommes plus ouverts à Michaël et aux autres êtres célestes quand nous dormons, même si nous ne nous rappelons pas avoir reçu la visite des anges à notre réveil. Nous sommes plus susceptibles de nous rappeler ces expériences quand elles se produisent quand nous sommes en état de demi-sommeil, comme Emma Lee Quick l'a découvert :

Il était très tôt le matin. J'étais réveillée et je m'apprêtais à me lever. J'ai fermé les yeux et j'ai aussitôt ressenti une sensation inhabituelle. C'était la première fois que cela m'arrivait. J'ai vraiment eu la sensation de flotter jusqu'au plafond !

Mes yeux étaient fermés, mais j'étais complètement réveillée. Je me rappelle même avoir pensé : je ne peux pas croire que cela m'arrive ! Je suis réveillée et pourtant j'ai l'impression de flotter ! *Puis, j'ai entendu des voix aiguës. J'ai eu l'impression qu'elles venaient d'êtres supérieurs, alors je leur ai mentalement demandé ce qui m'arrivait. Même si les voix ne parlaient pas ma langue, j'ai intuitivement perçu la réponse :* Tu es en sécurité.

Finalement, j'ai ouvert les yeux. J'étais étendue sur mon lit et la sensation s'est lentement estompée. Puis, je me suis rendormie. Dans mon rêve, un homme à la peau bronzée et vêtu de blanc s'est approché. Il m'a dit que je connaîtrais beaucoup de changements durant la prochaine année, mais qu'il serait là pour m'aider.

Au moment où il allait partir, j'ai demandé quel était son nom. Il a continué de s'éloigner, mais j'ai alors entendu : « Michaël ».

À mon réveil, je me suis précipitée pour aller raconter à ma mère ce qui venait de se produire. Elle était vraiment excitée. « Il faisait peut-être référence à une nouvelle carrière ! » *s'est-elle exclamée.*

« J'espère », ai-je répondu, tout en sentant au plus profond de moi que l'aide que Michaël m'avait offerte concernait quelque chose de beaucoup plus tragique.

Quelques mois plus tard, les médecins ont annoncé à ma merveilleuse mère qu'elle souffrait de la leucémie et elle est décédée. J'étais dévastée, car c'était une de mes meilleures amies. Peu de temps après, j'ai déménagé de chez elle, je me suis mariée et j'ai acheté une maison avec mon mari : tout un changement de vie, comme l'archange Michaël me l'avait dit dans mon rêve. Et j'ai vraiment senti que j'étais aidée, comme si quelqu'un me servait de bouée de sauvetage.

Beaucoup de gens m'ont dit avoir reçu des visites dans leurs rêves pour les préparer à des changements majeurs dans leur vie, comme Emma Lee en a fait l'expérience. Elle a été réconfortée de savoir que Michaël veillait sur elle et l'a protégée durant la période entre le décès de sa mère et sa nouvelle vie de femme mariée. L'archange est toujours avec nous, que nous traversions des périodes agréables ou douloureuses. Et pourtant, quand la vie est stressante, nos sens deviennent moins aiguisés et nous ne sentons pas aussi intensément sa présence. C'est une des raisons pour lesquelles Michaël apparaît dans les rêves pour aider ceux qui sont angoissés étant donné que leur esprit est plus calme durant leur sommeil.

Une femme nommée Maribel était reconnaissante d'avoir reçu dans son rêve la visite de l'archange, qui lui a non seulement procuré du réconfort, mais aussi une forme de guérison. En lisant son histoire, notez la façon dont elle a vu la lumière bleue de Michaël – même dans son rêve !

Durant mon enfance à Lima, au Pérou, mes amis et moi avions l'habitude de jouer à un jeu nommé « San Miguel » (saint Michaël). Plusieurs enfants du quartier formaient spontanément deux groupes composés de filles et de garçons. Un groupe acceptait de jouer le rôle des « méchants » et l'autre celui des « bons ».

Puis, pendant que les bons s'assoyaient sur le trottoir, jouant les saints et les innocents, les méchants essayaient de les enlever, c'est-à-dire qu'ils essayaient de les entraîner de force avec eux. Les bons se mettaient alors à crier haut et fort : « San Miguel ! San Miguel ! San Miguel ! » Puis, un enfant personnifiant l'archange Michaël venait immédiatement sauver le groupe des bons.

Depuis ce temps, j'ai toujours considéré que Michaël était présent dans ma vie pour m'aider dans toute situation dangereuse.

Un jour, j'ai connu une expérience vraiment difficile. Après avoir prié et pleuré à chaudes larmes, je me suis endormie. J'ai rêvé que j'étais debout dans l'entrée de ma maison; j'ai regardé à gauche et j'ai aperçu l'archange Michaël. Il était grand et une lumière blanche bleutée rayonnait autour de lui. Il semblait très puissant tandis qu'il flottait au-dessus du sol. Je me suis mise à pleurer dans mon rêve parce que sa présence était si forte qu'elle m'a guéri sur-le-champ.

Je me souviens de cette apparition comme si elle avait eu lieu la nuit dernière. C'était réel et je ne l'oublierai jamais. C'est l'une des plus belles bénédictions que j'aie reçues de Dieu.

Il y a deux ans, j'ai acheté une jolie statue de l'archange Michaël que j'ai mise dans ma chambre. Je l'adore ! Il a *l'air si beau et si puissant ! J'ai la certitude qu'il est toujours avec moi !*

En plus de rencontrer l'archange Michaël dans leurs rêves, beaucoup de gens disent l'avoir vu alors qu'ils étaient détendus, comme durant un massage ou une méditation. Quand nous sommes calmes, nous sommes plus réceptifs aux anges. Nous remarquons leurs subtiles énergies et leur amour.

Cathie McCarthy est entrée en lien avec Michaël pendant qu'elle se détendait dans son lit, mais ce n'est pas elle qui l'a vu, comme elle le révèle dans son histoire :

Mon amoureux et moi venions de quitter le Royaume-Uni pour emménager en Arizona. Nous vivions chez un ami et je me sentais comme une personne réfugiée, inquiète de ce que la vie nous réserverait. J'étais étendue sur le lit et, en silence, j'ai fait appel à l'archange Michaël. Habituellement, je vois des lumières mauves et bleues qui scintillent. Mais ce soir-là, même si je pouvais sentir sa présence, je n'ai vu aucune de ses couleurs.

Mon amoureux était aussi étendu en silence près de moi. Il se reposait après toutes ces journées passées à déménager et à conduire. Puis, soudainement, il m'a dit : « Je vois un homme très grand au pied du lit ! Il a des traits scandinaves. »

Mon amoureux n'avait aucune idée que je venais de faire appel à l'archange Michaël ou de ce à quoi l'ange ressemblait. Je lui ai donc demandé de poursuivre sa description.

« Il mesure près de 2,20 mètres. Il a de longs cheveux blonds et il est très musclé. »

« Est-ce qu'il porte des sandales à lanières ? », ai-je demandé.

« Oui », a répondu mon ami, puis il a continué de décrire ses vêtements. Il a décrit l'archange Michaël avec précision ! J'étais si heureuse – c'était la première fois qu'il voyait un ange ou qu'il avait une vision spirituelle !

Cette expérience nous a tous les deux emplis d'amour et d'espoir pour notre nouvelle maison aux États-Unis. Nous avions confiance que nous allions vivre une belle vie ensemble, pleine de tendresse. Nous savions que nous étions protégés et que nous avions le courage de continuer de chercher une maison et de trouver une école pour mes garçons. Nous nous sommes sentis guidés dans la bonne direction et, en moins d'une semaine, nous avons trouvé une maison à louer, dans un quartier où se trouvaient les meilleures écoles, et mon amoureux s'est déniché un emploi.

Nous remercions chaque jour l'archange Michaël pour son amour, son aide et son soutien.

Comme Cathie et son ami en ont fait l'expérience, quand vous rencontrez Michaël, tout dans votre vie devient plus positif et harmonieux. En effet, voir Michaël de vos yeux s'avère beaucoup plus puissant que de simplement avoir une « vision » parce que l'expérience guérit et réconforte à la fois.

Beaucoup de gens décrivent les visites de Michaël comme étant multisensorielles. En plus de voir l'archange, ils sentent son contact physique ; ils sentent aussi leur cœur s'ouvrir de joie et de tendresse. C'est ce qu'a vécu Sian Williams quand elle a rencontré l'archange Michaël durant une méditation :

Toute ma vie, j'ai eu l'impression que quelqu'un ou quelque chose m'aidait à traverser les moments difficiles. J'ai connu beaucoup de chagrin et de pertes durant mon enfance. Et pourtant, je ne me suis jamais sentie seule ; j'avais toujours l'impression d'avoir une épaule sur laquelle je pouvais pleurer, même si je ne savais pas à qui elle appartenait.

Puis, un jour, j'ai participé à un atelier sur les anges. Je n'avais pas vraiment envie d'y assister parce que c'était mon seul jour de congé. Mais j'y suis tout de même allée et je suis heureuse de l'avoir fait parce que, ce jour-là, j'ai vécu l'une des plus belles expériences de ma vie.

Tous les participants semblaient tout savoir sur les anges. Moi, je ne savais pas grand-chose, mais l'ambiance était si merveilleuse dans la salle. Même si c'était un matin d'hiver froid, il faisait si chaud à l'intérieur.

Dans le cadre de cet atelier, j'ai rencontré l'archange Michaël lors d'une méditation. C'était un très bel homme, avec une épée à la main. Il a mis son bras autour de mes épaules et je me suis sentie soulagée de tous mes problèmes. Je me suis mise à pleurer, mais c'était des larmes de joie parce que je savais enfin qui avait veillé sur moi toute ma vie !

En lisant ces histoires et ces exemples, vous avez peut-être maintenant pris conscience que vous avez déjà vu l'archange Michaël, sa lumière rayonnante ou les signes qu'il envoie.

Mais le lien de Michaël avec nous est beaucoup plus que visuel. Il communique aussi verbalement, surtout quand nous avons besoin de conseils clairs de toute urgence, comme nous l'explorerons dans le prochain chapitre.

🐚 🐚 🐚

CHAPITRE II

ENTENDRE LA VOIX DE MICHAËL

D E TOUS LES ANGES, Michaël est celui qui possède la voix la plus puissante et la plus claire. Il est assurément le messager divin le plus facile à entendre. Il possède également un style plutôt direct. Il va droit au but, mais toujours avec amour et un grand sens de l'humour.

Je suis certaine que c'était la voix de Michaël que j'ai entendue avant et pendant mon attaque, quand deux hommes ont brandi leurs armes pour voler mon automobile le 15 juillet 1995. Il m'a dit exactement quoi faire pour éviter le crime. Puis, quand je ne l'ai pas écouté et que je me suis retrouvée face à deux voleurs armés qui en voulaient à mon sac à main et à mon automobile, il m'a expliqué comment m'en sortir saine et sauve.

Durant les périodes difficiles, les gens entendent la voix de Michaël avec autant de force et de clarté que si une autre personne s'adressait à eux. Elle est différente de la douce voix intérieure que nous percevons parfois en méditant. Quand l'archange émet un avertissement, impossible de confondre sa voix avec un murmure intérieur – elle est parfaitement claire et puissante.

D'après toutes les histoires d'archange que j'ai lues et entendues, je dirais que c'est lorsqu'ils sont au volant de leur automobile que les gens entendent le plus souvent la voix forte de Michaël. Ses aimables directives aident les conducteurs à éviter des accidents et sa présence calme toutes les personnes à bord de l'automobile. De plus, ses conseils semblent très souvent contraires à la première intuition que les gens auraient, par exemple, lorsqu'il leur dit de retirer leurs mains du volant. Mais les conseils de Michaël sont toujours précis et dignes de confiance, comme Janca Lesleigh Cox l'a découvert :

> *Après avoir pris soin de mes parents durant leur maladie et les avoir accompagnés dans la mort, j'ai décidé de quitter notre maison et d'entreprendre une nouvelle vie dans un autre pays. J'ai donc empilé tous mes biens sur une remorque fixée à mon automobile, puis j'ai mis mon chat Pippin dans une cage sur le siège arrière et mon petit chien Heidi, sur le siège du passager.*
>
> *Avant de commencer à parcourir notre trajet de 4023 kilomètres, du Zimbabwe à Cape Town, en Afrique du Sud, j'ai demandé à l'archange Michaël de nous protéger, de nous guider et de nous accorder sa faveur divine. Il était mon fervent ami depuis de nombreuses années, alors j'avais confiance qu'il m'accompagnerait durant ma longue escapade.*

C'est donc sous la pluie battante que nous avons entrepris notre voyage en direction sud, du côté sud-africain de la frontière. Je conduisais chaque jour en respectant les niveaux d'énergie de mon chat et de mon chien et j'étais toujours guidée vers des gîtes touristiques qui acceptaient les animaux de compagnie.

La route était extrêmement droite et ennuyeuse le long des broussailles infinies du désert de Karoo. N'ayant ni radio, ni lecteur de CD dans l'auto, j'ai commencé à m'assoupir. Puis, j'ai entendu une voix forte qui me disait d'un ton ferme : « Range-toi immédiatement sur le côté ! » J'ai obéi sans réfléchir, juste quelques secondes avant qu'un camion Mack passe à toute vitesse à côté de moi, à cheval sur la ligne blanche médiane !

Ce trajet épique de cinq jours remonte à un an et je continue de me sentir guidée et encouragée par mes anges et mes archanges. Je considère que c'est une véritable bénédiction que Michaël se soit manifesté si intensément au moment où j'en avais le plus besoin.

Janca s'est retenue de faire appel à son libre arbitre pour choisir de suivre ou non le conseil de Michaël de « se ranger sur le côté ». Heureusement, la plupart d'entre nous obéissent sans discuter aux messages insistants. Dans une situation difficile, son ton de voix est semblable à celui d'un chirurgien qui demande un scalpel à l'infirmière. Ce n'est pas qu'il essaie d'être autoritaire ou de nous donner des ordres ; c'est juste qu'il souhaite attirer notre attention et nous forcer à agir. L'archange adopte toujours une voix aimante et empathique quand il nous ordonne d'accomplir telle action pour sauver notre vie.

Parfois, les messages insistants de Michaël semblent illogiques ou irréalisables. Une des mes histoires préférées à ce sujet vient d'une femme nommée Sue – qui a heureusement suivi les conseils de l'archange. Sa décision de lui faire confiance lui a sauvé la vie, de même que celle de ses enfants :

Il y a plusieurs années, alors que j'étais mariée à un homme violent, je priais chaque soir pour que Dieu et l'archange Michaël m'envoient la force d'affronter une autre journée ou de trouver une façon de me libérer de cette union. Et chaque jour, je demeurais en me disant que mes enfants avaient droit à une famille intacte et en espérant que la situation s'améliore.

Puis, un soir, pendant que je priais, j'ai entendu une voix masculine qui s'est identifiée comme étant l'archange Michaël. Il m'a clairement dit que mes enfants étaient en danger et qu'il fallait que je trouve la force de partir. Il m'a expliqué que ce n'était pas le souhait du Créateur que les épouses soient battues et que mon mari avait un cœur de pierre. Il n'était pas prêt à entendre Dieu et à cesser de faire du mal, à moi ou à mes enfants. Je n'ai pas cru Michaël, cependant, parce que jusqu'à ce jour, mon mari ne s'en était jamais pris à mes enfants, seulement à moi.

Deux jours plus tard, au moment où mon mari s'est mis à me frapper, David, mon fils de 13 ans, a couru appeler la police – et mon mari l'a poursuivi et l'a poussé en bas de l'escalier. Je suis aussitôt allée composer le 911 et mon mari s'est précipité dehors et a arraché les fils du téléphone reliés à la maison.

J'ai donc couru vers David, qui était plutôt amoché. Il m'a dit que, pendant qu'il tombait, il avait vu des ailes qui avaient amorti sa chute et l'avaient empêché de se briser le cou. Les anges nous avaient donc protégés durant ce cauchemar !

Mais ce n'était pas fini. J'avais encore besoin d'aide ce soir-là, car nous habitons dans une région rurale où le voisin le plus proche se trouve à 8 kilomètres et mon mari avait pris les clés de mon automobile. J'ai donc commencé à prier. L'archange Michaël s'est de nouveau manifesté et a dit : « Va dehors, rattache les fils du téléphone et appelle la police. »

Je ne connais rien aux fils téléphoniques, mais j'ai obéi... et on aurait dit que j'étais devenue une technicienne en téléphonie. Je savais miraculeusement quoi faire – c'était vraiment une intervention divine. J'ai appelé la police et les agents nous ont conduits, moi et mes enfants, dans un refuge pour femmes battues. Ils ont trouvé mon mari et l'ont emprisonné.

Ce soir-là, l'archange Michaël a vraiment été mon protecteur divin. Je lui suis éternellement reconnaissante pour son aide durant cette épreuve et c'est grâce à lui si nous sommes sains et saufs.

Quelques années plus tard, alors que j'étais divorcée et que je n'avais aucune envie d'être avec quelqu'un après un mariage aussi douloureux, j'ai rencontré un homme qui m'a dit que Michaël était son ange recteur. J'ai aussitôt su que je devais lui donner une chance.

Nous sommes ensemble depuis quatre ans maintenant et mon nouveau mari ressemble à l'archange Michaël sous de nombreux aspects – il est incroyablement protecteur et aimant envers moi et mes enfants. Durant tout ce temps, j'ai commencé à faire l'étude des anges et, maintenant, je les écoute plutôt que de croire que je peux me débrouiller sans eux.

Quand Michaël émet un avertissement, il nous indique toujours comment agir. Il ne transmet jamais des messages effrayants, mais offre plutôt des indications à suivre. Et parfois, comme Carolyn Skalnek l'a découvert, un seul mot suffit :

La nuit avait commencé comme à l'ordinaire, mais s'est terminée de manière ahurissante. Les enfants étaient couchés et c'était maintenant à mon tour d'aller au lit.

En me dirigeant vers ma chambre à coucher, j'ai éteint les lumières et vérifié si les portes étaient bien verrouillées. Mon mari dormait déjà, alors je me suis glissée doucement dans le lit.

Épuisée de ma journée, j'ai dit mes prières, étendue sur le dos. J'ai demandé à Dieu et à l'archange Michaël de protéger ma famille, ma maison, la communauté et le monde. J'ai vite sombré dans le sommeil et j'ai dormi jusqu'à ce que quelque chose me réveille.

Intriguée et confuse, je me suis redressée dans le lit en essayant de comprendre pourquoi je m'étais réveillée. Je me suis vite rendormie, mais j'ai entendu un bruit peu de temps après, comme si quelque chose frappait contre la vitre. On aurait dit une branche de pin, mais c'était impossible parce qu'il ne ventait pas ce soir-là. J'ai prêté l'oreille durant quelques minutes pour voir si le bruit allait se répéter.

Je commençais à être frustrée de ne pas pouvoir dormir. J'ai remonté les couvertures, je me suis installée confortablement et je me suis rendormie… jusqu'à ce que j'entende de nouveau le bruit. Et encore une fois ! Quelque chose ou quelqu'un frappait suffisamment fort contre la fenêtre pour produire un genre de tambourinement. Cette fois-ci, j'étais complètement réveillée et j'ai décidé de réveiller mon mari.

Pendant que nous étions tous les deux assis et que nous prêtions l'oreille, le bruit ne s'est pas reproduit, mais j'ai entendu quelque chose qui m'a saisie : au moment où j'entendais un claquement familier provenant d'une autre pièce, le mot sèche-linge a surgi dans ma tête.

Je me suis précipitée dans la buanderie. En entrant, je me suis rappelée que j'avais mis en marche le sèche-linge cet après-midi-là ! Impossible de prendre les serviettes qui se trouvaient à l'intérieur. Cela faisait 12 heures qu'elles séchaient à une température élevée. D'ailleurs, la chaleur qui se dégageait par la porte de l'appareil me brûlait le visage.

Je crois bien que le sèche-linge aurait pris feu peu de temps après. La chambre de mon fils est située directement au-dessus de la buanderie. En songeant à toutes ces histoires où des maisons avaient brûlé après que le feu eut pris dans un sèche-linge, j'ai remercié Dieu et l'archange Michaël que mon histoire se termine bien.

Merci archange Michaël ! Je crois vraiment en toi ! Je vais continuer de demander ta protection, tes conseils et ton amour.

LES MESSAGES RASSURANTS DE MICHAËL

Les conseils de Michaël ne servent pas toujours à nous protéger du danger. Souvent, ses messages audibles nous procurent de l'espoir et la foi juste au moment où nous avons le plus besoin d'être rassurés. Le message que John Roche a reçu de l'archange Michaël l'a aidé à s'accrocher durant une grave maladie. Le réconfort de savoir que l'archange était avec lui l'a aidé à guérir. Voici l'histoire de John :

Durant mon enfance, mes parents m'ont appris à faire appel à l'archange Michaël. J'ai gardé cette habitude à l'âge adulte. À 18 ans, j'ai été atteint d'un cancer. J'ai attendu un bon moment avant d'aller consulter mon médecin pour qu'il vérifie les symptômes et pose un diagnostic. Mon cancer était grandement avancé quand il a enfin été détecté.

J'ai dû subir plusieurs traitements de chimiothérapie sur une période de trois ans. Je suis allé en rémission, puis j'ai rechuté à deux reprises. Comme tous ceux qui l'ont subie, la chimiothérapie affaiblit énormément. Quand j'ai rechuté pour la troisième fois, mon oncologue m'a dit que je devais me soumettre à une greffe de la moelle osseuse, ce qui voulait dire encore plus de temps à l'hôpital, une chirurgie et d'autres traitements intenses de chimiothérapie. Inutile de dire que cela m'a profondément bouleversé. Je me suis demandé si, cette fois-ci, j'allais survivre.

Quand est venu le moment de la greffe, j'ai dû subir le traitement de chimiothérapie le plus sévère que l'hôpital pouvait offrir. J'ai été malade comme un chien pendant trois jours pendant que la chimio attaquait chaque cellule de mon corps. Puis, on m'a placé en isolement où je suis demeuré pendant trois semaines entièrement coupé du monde extérieur. Je me sentais extrêmement déprimé, seul et, à ce moment-là, j'avais peur, malgré tous les efforts de mes merveilleux parents pour me rassurer.

La minuscule chambre de l'unité d'isolement mesurait moins de 6 mètres carrés et le lit et les appareils médicaux en occupaient la majeure partie. Je me demandais comment j'allais faire pour demeurer enfermé seul dans cette petite pièce pendant des semaines. J'étais plutôt découragé et à travers les larmes qui coulaient sur mon visage, j'ai supplié l'archange Michaël de m'aider.

J'ai aussitôt éprouvé un sentiment de sérénité et un amour profond comme je n'en avais jamais ressenti auparavant. Une voix dans ma tête a murmuré doucement : « Tout va bien aller. Tu n'as pas à t'inquiéter. Je suis là pour veiller sur toi. »

J'ai alors su et été certain que c'était vrai. Toutes mes peurs et le désespoir qui m'avait envahi un peu plus tôt se sont envolés. Les larmes ont continué de couler sur mes joues, mais c'était maintenant des larmes d'amour — je savais qu'on prenait soin de moi. Je savais que l'archange Michaël se trouvait à mes côtés. Même si je ne le voyais pas, *cela n'avait aucune importance parce que j'étais certain que l'archange me protégeait et veillait sur moi.*

La sérénité, l'amour et la certitude que j'allais guérir, c'est-à-dire le soulagement que Michaël m'avait procuré ce jour-là, sont demeurés en moi jusqu'au moment où j'ai quitté l'unité d'isolement trois semaines plus tard. Il n'y a eu aucune complication durant la chirurgie et je n'ai fait aucune rechute durant la période de rétablissement. Chaque cellule de mon corps savait que c'était grâce à l'archange Michaël.

J'ai maintenant 30 ans et je demande l'aide de Michaël dans toutes sortes d'occasions. Il est vraiment mon meilleur ami et je continue de sentir son énergie et son amour autour de moi.

Vous pouvez demander à Michaël de vous envoyer un message réconfortant en pensant simplement à votre requête ou en la disant à haute voix. La méthode que vous utilisez importe peu tant que vous lui faites savoir ce dont vous avez besoin. Certains, comme John, entendent des paroles. Il est également possible – comme nous allons l'explorer dans les prochains chapitres – que vous voyiez ou sentiez la réponse de Michaël. Vous pourriez même recevoir le message par l'entremise d'une autre personne.

Peu importe, l'archange vous laissera savoir qu'il est auprès de vous, ce qui est en soi un message très rassurant.

MICHAËL, LE SAINT PATRON

Michaël, comme Dieu et tous les anges, possède une capacité illimitée de nous aider et met à contribution la créativité fascinante et infinie de l'intelligence divine. Ses solutions sont donc imprévisibles étant donné qu'elles sont parfaitement adaptées à chaque situation.

L'histoire suivante, qui m'a été racontée par Jerome Stefaniak, illustre à la fois la créativité et l'humour de Michaël :

Avant d'effectuer un long trajet, j'invoque toujours les anges avec cette prière de mon cru : chers anges, protégez-moi ainsi que mon automobile durant mon parcours aujourd'hui. Bénissez chaque personne et chaque auto qui circulent sur la route aujourd'hui. Et aidez-nous à arriver rapidement à destination, en toute sécurité, le plus aisément et joyeusement possible.

Je roulais sur l'autoroute, en provenance de Houston vers New Braunfels, quand j'ai remarqué dans mon rétroviseur une auto qui me suivait de près et me faisait des signaux de phares pour que je lui cède la voie. Au lieu de prendre une profonde respiration et de me ranger à droite, mon ego compétitif s'est réveillé. La musique était forte et entraînante et j'étais déterminé à ne pas me laisser dépasser par cette auto.

Le conducteur a donc décidé de me dépasser sur la droite, puis il m'a coupé la voie sans se préoccuper de mes coups de klaxon et du fait qu'il aurait très bien pu causer un accident.

Au même moment, par-dessus le bruit du klaxon et la musique, j'ai entendu le son puissant et parfaitement reconnaissable d'une sirène de police derrière nous.

Mince alors !, ai-je pensé en ralentissant rapidement. L'autre conducteur a continué d'accélérer devant moi. J'ai regardé dans le rétroviseur : il n'y avait aucune auto-patrouille.

Je me suis rappelé que Michaël est le saint patron des policiers, alors je n'ai pas été surpris qu'il ait utilisé la méthode la plus efficace pour m'aider à retrouver la raison. Après cet incident, j'ai conduit beaucoup plus prudemment !

Alors, comment Michaël a-t-il créé le son de la sirène qui a incité Jerome à ralentir ? Est-ce que le son n'était que dans la tête de Jerome ? S'il y avait eu des passagers dans son auto, l'auraient-ils entendu eux aussi ? Ce sont les mystères de Michaël que nous ne comprendrons peut-être jamais, mais dont nous bénéficions tous néanmoins.

Jerome a cru que l'archange avait produit le son de la sirène parce qu'il est le saint patron des policiers et des militaires. Michaël protège, guide et donne du courage aux hommes et aux femmes faisant partie des services en uniforme du monde entier. Et parfois, il nous aide quand nous avons affaire aux policiers, comme Beverly Wahl l'a découvert :

Un soir, je suis allée visiter ma mère qui était hospitalisée à San Diego. En revenant dans le comté d'Orange, je me suis perdue et j'ai commencé à tourner désespérément en rond afin de trouver l'autoroute.

C'est alors qu'un policier a surgi de nulle part et a allumé ses gyrophares pour que je me range sur le côté. Dès que j'ai vu les lumières, j'ai demandé à l'archange Michaël ce que je devais faire. Je l'ai clairement entendu me dire : « Dis que tu es désolée et informe le policier que tu es perdue et que tu as besoin d'aide. »

Quand le policier s'est approché de mon automobile, il m'a demandé pourquoi je conduisais ainsi. Il avait un air très sévère et a voulu voir mon permis de conduire. Comme Michaël me l'avait conseillé, j'ai dit que j'étais désolée, que j'étais perdue et que j'avais besoin d'aide.

Le policier s'est alors montré très compatissant et ne m'a pas donné de contravention. Il m'a aussi aidée à trouver le chemin menant à l'autoroute et a même bloqué le trafic pour que je puisse effectuer un virage en toute sécurité.

Génial ! Merci, archange Michaël ! J'ai toujours cru au pouvoir des anges, mais cette expérience est venue me le confirmer hors de tout doute.

Comme Michaël collabore intimement avec les policiers, il peut vous conseiller la meilleure façon de vous adresser à un agent du maintien de l'ordre. Vous avez sûrement observé que Beverly a reçu l'aide de l'archange après avoir fait appel à lui. C'est là un point important à retenir : comme je l'ai déjà mentionné, Michaël ne peut nous aider que si nous le demandons, parce qu'il n'est pas autorisé à transgresser notre libre arbitre.

LA VOIX PLUS DOUCE DE MICHAËL

Quand Michaël doit attirer de toute urgence notre attention, sa voix retentit avec une clarté indiscutable. Mais il lui arrive aussi de murmurer quand c'est plus approprié.

Ce n'est qu'après que Michaël l'est sauvée d'un accident d'automobile en défiant les lois de la physique que Carolyn Kellis Reed a entendu la voix de l'archange :

Je conduisais sur une route rurale à deux voies près de chez moi, en compagnie de mes trois jeunes enfants. L'auto devant moi se trouvait à une distance équivalant à cinq ou six automobiles et nous roulions à environ 70 kilomètres à l'heure.

À droite, une petite berline s'apprêtait à s'engager sur la route. J'ai vérifié dans mon rétroviseur et vu qu'il n'y avait aucun véhicule derrière moi. J'ai donc présumé que la berline attendrait après mon passage. J'ai été surprise de la voir se faufiler directement devant moi ! Comme la petite auto ne pouvait pas accélérer rapidement, je savais que la collision était inévitable.

J'ai freiné de toutes mes forces et j'ai fermé les yeux, m'attendant sur le coup à subir un impact épouvantable. Quand j'ai rouvert les yeux (je ne les avais gardés fermés qu'un bref moment), la berline se trouvait à une bonne distance devant moi et il n'y avait pas eu de collision. En fait, les lois du temps et de l'espace avait été entièrement défiées !

J'étais complètement secouée, mais j'ai entendu dans ma tête une voix douce, quoique puissante. L'archange Michaël m'a dit qu'il était intervenu de manière à ce que l'accident soit évité. *Quand je lui ai demandé de quelle façon, étant donné que l'impact semblait si inévitable, il m'a dit qu'il avait modifié les conditions du temps et de l'espace pour que mes enfants et moi demeurions sains et saufs. Nous n'étions pas censés être blessés ou tués, alors il était intervenu en notre faveur.*

Depuis, je demande toujours à l'archange Michaël de me protéger ainsi que mes enfants quand nous roulons ensemble et il l'a fait à maintes reprises.

La situation de Carolyn avait donc incité Michaël à intervenir directement même si elle n'avait pas fait appel à lui. Son histoire est un exemple de la seule exception à la « loi du libre arbitre », parce que Dieu et les anges peuvent intervenir dans les situations de vie ou de mort quand une personne n'est pas censée mourir. Michaël a donc protégé Carolyn et ses trois enfants en déplaçant l'automobile.

Alors pourquoi l'archange ne sauve-t-il pas tout le monde de la mort ? C'est une question vieille comme le monde que nous ne comprendrons peut-être jamais dans cette vie. Ma théorie est que les gens sont prédestinés à quitter la Terre à un moment précis. Chaque individu détermine ce moment avant sa naissance, en lien avec le plan ultime de Dieu. Certaines personnes choisissent peut-être la voie de la souffrance parce qu'elles croient que cela favorisera leur croissance spirituelle.

Encore une fois, il s'agit là de théories tridimensionnelles qui effleurent à peine l'immensité de l'univers multidimensionnel de Dieu. Une chose est sûre, par contre, c'est que beaucoup de gens ont eu la vie sauve grâce à une intervention divine et que c'était la plupart du temps l'archange Michaël qui était venu à leur rescousse.

Tout comme dans l'exemple de Carolyn, le message de Michaël prend à l'occasion la forme d'une douce voix intérieure. Je crois qu'il a habituellement un ton doux et qu'il ne parle fort que lorsque les personnes ne l'écoutent pas (comme quand elles sont stressées ou effrayées). L'histoire de Melody G. illustre comment elle a appris à être à l'écoute depuis que Michaël a réussi à attirer doucement son attention :

> *Je suivais un très gros camion en roulant à 105 kilomètres à l'heure, sur une autoroute très fréquentée, quand j'ai entendu une voix intérieure ou une sensation qui me disait de changer de voie. Elle me pressait de m'éloigner du véhicule devant moi, mais je ne l'ai pas écoutée.*
>
> *Soudain, un gros objet est tombé du camion et a été projeté vers mon pare-brise. J'ai vite demandé à l'archange Michaël de me protéger. Heureusement, l'objet a atterri sur l'autoroute plutôt que sur mon pare-brise.*
>
> *Quelque chose en moi m'a dit de me ranger sur le côté et, cette fois-ci, j'ai écouté le conseil ! Il n'y avait pas vraiment d'endroit pour me garer, mais j'ai tout de même réussi à me ranger quelque part. C'est à ce moment-là que tous les pneus de mon automobile ont éclaté.*
>
> *J'ai remercié Michaël de m'avoir protégée, mais j'avais encore besoin de son aide pour mon véhicule qui n'était plus en état de rouler. J'ai fait appel à lui et, aussitôt, un camion blanc s'est arrêté pour m'aider et son conducteur était un véritable ange. Encore une fois, merci, archange Michaël, pour m'avoir protégée.*

Comment pouvez-vous être certain que la voix intérieure est celle de Dieu et des anges ? Comment savoir s'il ne s'agit pas de votre imagination ou si vous prenez plutôt vos désirs pour la réalité ?

Le style de la réelle guidance divine est très différent de celui de l'ego ou de l'imagination. Voici quelques-unes des caractéristiques qui lui sont propres :

- **Utilisation de la deuxième personne :** La voix de la guidance réelle s'adresse à vous à la deuxième personne, comme si quelqu'un d'autre vous parlait. Ses phrases commencent donc par des mots qu'une personne utiliserait dans une conversation avec vous comme « Tu devrais changer de voie maintenant » ou « Vérifie donc la pression de tes pneus » L'imagination parle à la première personne, c'est-à-dire que les phrases commencent par *je*, comme dans « Je devrais changer de voie » ou « je devrais vérifier la pression de mes pneus ».

- **Le service avant tout :** Les anges font toujours des suggestions pour améliorer une situation ou vous aider à mener une vie plus saine ou plus intègre. L'ego s'intéresse plutôt à la façon dont vous pouvez vous enrichir plus rapidement, devenir populaire ou à d'autres préoccupations égoïstes. (Les conseils des anges peuvent vous aider à devenir riche et populaire, mais cela résulte d'un service rendu ou d'améliorations apportées ; ce n'est pas le but de la guidance divine.)

- **Un sentiment de paix :** Quand Michaël et les autres anges s'adressent à nous, leur message est accompagné d'un sentiment de paix. Les gens qui entendent la voix de l'archange durant une situation d'urgence mentionnent toujours son effet apaisant, qui leur permet de penser et d'agir clairement durant la crise. À l'inverse, quand c'est l'ego qui parle, vous éprouvez toujours un sentiment de peur, de vide, de nervosité, d'hypocrisie, de culpabilité ou toute autre émotion qui draine votre énergie.

- **Un accent de vérité :** Quand Michaël ou les anges s'adressent à nous, leur message sonne vrai. Même si ce qu'ils disent semble illogique ou intimidant, le message demeure intuitivement sensé. À l'inverse, les messages de l'ego sonnent vides.

LES MESSAGES PRATIQUES DE MICHAËL

La voix de Michaël possède deux autres caractéristiques : son merveilleux sens de l'humour et sa nature pratique et terre-à-terre. En fait, les messages de l'archange ne sont jamais farfelus. Ils sont toujours fondés, car il souhaite améliorer notre quotidien, comme Marcelle Vlasic l'a découvert quand il a communiqué avec elle :

Je suis disque-jockey professionnelle et un jour, je me préparais à apporter un système de microphone à un mariage. Il était très important pour moi d'arriver le plus vite possible avec mon équipement afin que la cérémonie puisse commencer à temps. Mais mon automobile refusait de démarrer, alors j'ai fait appel à l'archange Michaël.

J'ai dit : « Michaël, de grâce, fait démarrer immédiatement mon automobile afin que je puisse être payée pour ce travail et aider ce couple qui se marie. »

J'ai immédiatement entendu : « Appelle la NRMA. La voix faisait référence au service d'assistance routière et de réparation sur place de Sydney, en Australie, là où je vis. Je ne disposais que de 40 minutes pour me rendre au mariage qui avait lieu à l'autre bout de la ville, alors je n'ai d'abord pas eu confiance en ce conseil. Je me suis dit que cela prendrait des heures avant qu'un mécanicien vienne chez moi réparer mon automobile. Mais j'ai encore une fois entendu la voix : « Appelle la NRMA. »

Cette fois-ci, j'ai fait confiance au message et j'ai effectué l'appel. En moins de cinq minutes, le mécanicien est arrivé et a réussi à faire démarrer mon automobile en moins de cinq minutes également. Il était si gentil, comme s'il était vraiment un ange terrestre envoyé par Dieu ! J'ai pu me rendre à temps au mariage. C'était vraiment une « synchronicité divine » !

Jusqu'à présent, j'ai parlé de l'apparence visuelle de Michaël et des caractéristiques de sa voix et de ses messages. Dans le prochain chapitre, nous explorerons les sensations physiques uniques qu'éprouvent les gens en présence de l'archange.

☙ ☙ ☙

CHAPITRE III

SENTIR LA PRÉSENCE DE MICHAËL

É TANT DONNÉ que Michaël est si puissant, il est logique que nous puissions facilement sentir sa présence. Je crois aussi qu'il veut que nous sachions quand il est à nos côtés, parce qu'il est si rassurant de savoir que le tendre et puissant archange nous protège et veille sur nous. Voilà pourquoi Michaël, l'ange miraculeux, est capable de nous laisser savoir qu'il est présent.

Notre peau est un instrument sensible qui détecte instantanément les variations de température, les changements de la pression de l'air et les signaux électriques. Tout comme vous pouvez sentir la tension ou l'ambiance conflictuelle dans une pièce, vous pouvez aussi sentir quand celle-ci est emplie d'un grand amour et de force, comme c'est le cas en présence de Michaël.

Les gens disent avoir senti la présence de l'archange surtout quand ils lui avaient demandé de les protéger… et comme le décrit Caz Greene, cela procure un agréable sentiment de sécurité et de réconfort :

En 2003, j'ai suivi le cours « perception intuitive des anges » (Angel Intuitive Course) *de Doreen, à Brisbane, en Australie. Doreen nous a suggéré de poser la question suivante à l'archange Michaël : « Que veux-tu que je sache présentement ? » Je l'ai immédiatement entendu m'avertir d'un danger quand je rentrerais à pied à mon hôtel, ce soir-là. Michaël m'a dit de faire attention, de demeurer sur mes gardes et de demander sa protection.*

Il y a eu tellement d'activités durant le reste de la journée que j'ai oublié le message en parcourant seule le trajet d'environ 20 minutes. En me rapprochant de mon hôtel, j'ai vu qu'il y avait de l'agitation sur le trottoir : un homme ivre avançait en titubant dans ma direction et s'est mis à invectiver un couple qui marchait devant moi.

J'ai eu peur et mon cœur s'est mis à battre très fort quand j'ai vu que l'homme venait vers moi et que j'étais seule. Soudain, je me suis rappelé l'avertissement de Michaël et je l'ai appelé par son nom : « De grâce, archange Michaël, viens près de moi et protège-moi de tout danger. »

J'ai senti une caresse sur mon bras, de même qu'une sensation de chaleur et de force. J'ai aussi eu l'impression de mesurer trois mètres de plus et d'être un mètre plus large. L'homme ivre se rapprochait en hurlant. Lorsqu'il fut près de moi, j'ai cru qu'il allait me crier au visage et me saisir par les bras, mais ses mains semblaient rebondir sur un obstacle situé à 60 centimètres devant moi ! L'homme a reculé d'un air abasourdi avant de s'éloigner en titubant doucement.

Depuis, je dis à tous les gens qu'ils peuvent compter sur la protection de l'archange Michaël. Par contre, il faut aussi écouter ses instructions !

L'effet protecteur de Michaël est donc en partie lié au sentiment de sécurité que nous éprouvons en sa présence. Je ne crois pas qu'il effectue quoi que ce soit de particulier pour nous faire sentir sa force et sa chaleur. Je crois plutôt que sa présence est si puissante et aimante que chacune de nos terminaisons nerveuses perçoit l'extraordinaire rayonnement de cet être divin.

Dans de nombreux tableaux, Michaël est représenté avec un bouclier à la main, qui lui sert de barrière protectrice. Michaël nous protège de toute forme de négativité ; il assure notre sécurité et nous aide à nous sentir en sécurité. Kate Whorlow a senti l'archange muni de son bouclier venir à sa rescousse la fois où elle a fait appel à lui :

Un soir, je rentrais chez moi à pied et, au moment d'emprunter ma rue, j'ai senti une présence derrière moi. J'ai jeté un coup d'œil et j'ai vu qu'un homme marchait à quelques pas de moi. J'ai éprouvé un profond sentiment d'inconfort, comme s'il se trouvait dans mon espace. J'ai donc aussitôt murmuré : « Archange Michaël, j'ai besoin de ton aide maintenant ! De grâce, marche à mes côtés et protège-moi jusqu'à la maison. »

Immédiatement après avoir soufflé ma requête, j'ai senti l'archange Michaël à mes côtés, qui m'enveloppait de ses ailes pour me protéger. Je me suis aussitôt sentie plus calme. J'ai continué de marcher rapidement, sans oser regarder derrière moi, jusqu'à ce que j'arrive à l'allée de ma maison. Puis, je me suis retournée : l'homme avait disparu.

J'ai remercié l'archange Michaël pour son aide. Il est possible que cet homme marchait derrière moi de manière tout à fait innocente et que je n'avais pas été en danger ce soir-là. Mais en faisant appel à Michaël, j'ai reçu le soutien et la protection dont j'avais besoin pour me sentir en sécurité.

Michaël nous enveloppe avec ses grandes ailes, comme Kate en a fait l'expérience. Bien qu'il puisse demeurer avec nous en tout temps si nous le lui demandons, nous ne sentons habituellement sa forte présence que lorsque nous faisons appel à lui en situation de crise. Voilà un autre aspect de sa magnificence : il a la capacité de nous calmer instantanément et d'apaiser notre cœur.

Son amour lumineux nous permet de passer de l'état d'alerte de notre système nerveux sympathique (celui qui suscite en nous une réaction de lutte ou de fuite) à l'état de calme de notre système nerveux parasympathique (celui où nous sommes détendus et capables de réfléchir plus clairement). Michaël a aidé Karen Forrest à demeurer calme et à éviter une collision la fois où un véhicule fonçait tout droit sur elle :

En tant que militaire dans les Forces canadiennes, je n'ai aucun scrupule à faire appel à l'archange Michaël (le saint patron des militaires) pour qu'il me protège et me donne du courage. Et c'est ce que j'ai fait quand l'armée m'a transférée sur une autre base militaire, encore une fois.

Nous nous dirigions, mon mari et moi, vers l'aéroport d'Ottawa d'où nous devions nous envoler pour Halifax, en Nouvelle-Écosse (ma nouvelle affectation dans la marine), et j'ai demandé à l'archange Michaël de nous protéger durant notre trajet de deux heures. À mi-chemin, alors que je roulais à 105 kilomètres à l'heure, j'ai vu la fourgonnette devant moi se ranger soudainement sur l'accotement. Je ne comprenais pas pourquoi le conducteur avait ainsi dévié de sa voie à une vitesse pareille — jusqu'à ce que j'aperçoive une auto foncer droit sur moi ! Le véhicule était en train de doubler dangereusement un semi-remorque et se dirigeait vers moi, à 105 kilomètres à l'heure, lui aussi !

J'ai aussitôt demandé à l'archange Michaël de nous protéger tous. Tout en commençant à dévier vers l'accotement en terre battue, j'ai entendu sa voix apaisante me dire : « Ne t'inquiète pas, Karen. J'ai le volant de ton auto entre les mains et je vais conduire pour toi. Tu vas être hors de danger. »

J'ai aussitôt éprouvé un calme profond (même avec une auto qui fonçait sur moi) et j'ai senti la présence de l'archange Michaël au moment où il dirigeait en toute sécurité mon auto dans la bonne direction, en évitant le véhicule et le semi-remorque qui venaient en sens inverse.

Miraculeusement, personne n'a été blessé. Le conducteur devant moi a repris la maîtrise de sa fourgonnette après avoir dévié vers l'accotement. J'ai évité ce qui aurait pu être une collision mortelle, l'auto derrière moi n'a pas été touchée, le conducteur du semi-remorque n'a pas perdu la *maîtrise et l'homme qui essayait d'effectuer le dépassement dangereux n'a pas eu ou causé d'accident !*

Sur le siège du passager, Wayne, mon mari, était renversé de la façon dont j'étais demeurée calme tout en manœuvrant pour nous mettre hors de danger. À ce moment-là, il n'était pas conscient que je m'étais entièrement remise entre les mains de l'archange Michaël pour conduire mon automobile !

Merci, Michaël, pour nous avoir gardés sains et saufs dans une situation immensément terrifiante et dangereuse !

Karen a décrit la façon dont Michaël a pris le volant de son automobile pour la diriger en toute sécurité, une expérience que d'autres ont également racontée. Beaucoup de gens disent qu'après avoir demandé l'aide de l'au-delà pour éviter un accident, ils ont entendu une voix leur dire : « Retire tes mains du volant. » Puis, c'est avec étonnement et reconnaissance qu'ils ont observé une paire de mains invisibles conduire leur véhicule hors du danger.

Sheryl Groen ne s'est pas fait dire de retirer ses mains du volant, mais elle a certainement reçu l'aide de Michaël pour conduire son automobile sur un pont couvert de glace :

J'habite au centre de l'Iowa, là où le temps est réputé pour être très changeant, sans compter les épisodes de brouillard et de « glace noire » qui peuvent être particulièrement traîtres. La glace noire est difficile à voir et une fois que vous roulez dessus, il est trop tard pour ralentir.

Chaque matin, je parcours le même trajet pour aller travailler et je demande toujours à l'archange Michaël de me protéger. *Ce jour-là, le temps était sombre et couvert, et je traversais des zones de brouillard à tous les deux ou trois kilomètres. En arrivant à un pont, j'ai entendu une voix très distincte me dire : « Sois prudente sur le pont. » J'ai ralenti, mais je n'ai rien vu d'inhabituel.*

Tout en continuant d'avancer, j'ai remarqué que la surface de la route devenait mouillée ; j'ai donc ralenti encore une fois. En approchant d'un autre pont, les mêmes paroles m'ont traversé l'esprit : sois prudente sur le pont. Celui-ci était surélevé et recouvert d'un mur de brouillard. Je ne pouvais pas voir où commençait et se terminait la route. Même mes repères habituels étaient invisibles.

Une fois sur le pont, j'ai aperçu la glace noire sur la surface. Puis, j'ai regardé devant moi et j'ai pu voir à travers le brouillard une automobile qui bloquait ma voie et une autre qui était immobilisée contre le parapet. Il y avait des débris partout et deux personnes se tenaient debout entre les autos et criaient « Arrêtez ! Arrêtez ! »

Il n'y avait pas moyen de changer de direction et je savais que je serais incapable de freiner sur la glace. J'ai donc dit à voix haute : « Chers anges, aidez-moi ! » Aussitôt, quelqu'un a saisi mon volant et, comme un coureur professionnel du NASCAR, a contourné les deux automobiles, les personnes et les débris. J'ai alors ressenti un profond sentiment de paix et je savais que j'étais entre des mains expertes.

Mon automobile n'a pas dérapé et aucun éclat de verre n'est venu s'incruster dans mes pneus. Les anges ont dirigé mon véhicule autour de chaque obstacle comme s'ils manipulaient un plat en porcelaine. Puis, tout aussi doucement, mon auto est sortie du brouillard, de l'autre côté du pont, et

est revenue dans sa voie d'origine – sans que ni elle ni moi
n'ayons d'éraflures.
Merci, archange Michaël. Que ferais-je sans toi ?

La prochaine histoire renferme un scénario que j'entends
souvent. Il arrive que Michaël ne prévienne pas un accident
d'automobile (ou ne puisse pas le prévenir). Il peut cependant nous aider à demeurer calmes pour que nous ne subis-
sions aucune blessure, comme une femme nommée Liliana
l'a vécu :

Je me dirigeais vers mon bureau quand j'ai été heurtée
sur le côté par une auto qui roulait vite. Mon auto s'est mise
à tourner sur elle-même, mais pour une raison que j'ignore,
je n'ai pas eu peur. Je me suis simplement exclamée : « De
grâce, aide-moi ! » Puis, j'ai eu l'impression que quelqu'un
me serrait dans ses bras ou s'accrochait à moi.

Mon auto a ensuite foncé dans un réverbère.

Quand elle s'est immobilisée, j'ai vu que l'aile droite était
complètement enfoncée au milieu. Je me sentais écrasée de
mon côté. J'étais cependant consciente et j'ai pu sortir seule
de l'auto. Quand j'ai vu l'état du véhicule, c'était une perte
totale, je n'en suis pas revenue de m'en être sortie indemne,
avec seulement quelques coupures aux doigts.

Mais le plus beau dans tout cela, c'est que le lendemain,
en prenant ma douche, j'ai aperçu des marques sur mes
épaules. On aurait dit des traces de doigts. Je suis certaine
que c'était parce que Dieu avait envoyé l'archange Michaël
pour me protéger. Quand Michaël m'avait serrée si fort par
les épaules, il avait laissé ses empreintes sur mon corps !

LA CHALEUR RAYONNANTE DE MICHAËL

Dans la plupart des tableaux, Michaël est représenté avec une épée flamboyante à la main. Je crois que c'est ainsi que l'artiste illustre l'immense chaleur que cet ange dégage. Tel un dieu solaire, Michaël possède une énergie qui ressemble à des rayons de soleil et procure la même sensation de chaleur.

Quand les gens se retrouvent en présence de Michaël, ils disent systématiquement ressentir de la chaleur. Certains se mettent à transpirer et un grand nombre de femmes m'ont dit qu'elles croyaient avoir des bouffées de chaleur causées par la ménopause.

Isabelle Hannich a même constaté que la présence de Michaël l'avait réchauffée lors d'une promenade par un petit matin frisquet :

> *J'ai entendu dire que nous savons que l'archange Michaël est à nos côtés quand nous avons soudainement chaud, sans raison apparente. Un matin, avant d'aller assister à une conférence à l'extérieur de la ville, j'ai décidé d'aller marcher. Il faisait encore noir au moment où j'ai quitté l'hôtel et je me suis dirigée vers la plage pour méditer et regarder le lever du soleil. Dès mon départ, je me suis demandé si c'était une bonne idée d'aller ainsi me promener seule. J'ai donc demandé à l'archange Michaël de me protéger.*
>
> *Arrivée à la plage, j'ai retiré mes chaussures et j'ai constaté que j'avais chaud. J'ai trouvé cela étrange étant donné qu'il n'était que 5 h du matin, qu'il ne faisait vraiment pas chaud à l'extérieur et que la promenade que je venais d'effectuer n'avait rien d'exténuant. C'est alors que j'ai réalisé que la*

sensation de chaleur que j'éprouvais ne venait pas de l'air ambiant, mais plutôt de l'archange Michaël qui répondait à mes prières et veillait sur moi.

L'histoire d'Isabelle démontre bien le côté pratique de Michaël ! N'empêche que la plupart du temps, son rôle est de nous protéger, nous et nos êtres chers. La prochaine histoire est de Belinda V. Herrera; elle illustre de quelle façon l'archange peut vous guider pour vous mettre en sécurité si vous suivez seulement sa chaleur :

> J'ai vécu beaucoup d'expériences avec l'archange Michaël, mais il y en a une en particulier qui ne cesse de me stupéfier encore aujourd'hui ! J'ai lu dans les ouvrages de Doreen que lorsque Michaël se trouve à nos côtés, nous sentons une grande chaleur. Voilà un détail qui s'est avéré très précieux à savoir !
>
> Je venais de faire repeindre ma maison. Le soir, j'ai allumé les lumières extérieures, ignorant que les peintres les avaient laissées recouvertes de sacs de plastique. C'est à ce moment-là que j'ai ressenti une sensation de chaleur autour de moi, que j'ai aussitôt associée à l'archange Michaël. Je me suis laissé guider vers l'extérieur, comme si je suivais cette chaleur.
>
> Une fois dehors, j'ai continué de sentir la chaleur autour de moi, surtout près de mon côté droit et de mon oreille droite. Tout en agitant mes mains et mes bras, je suis allée dans la direction où la température était la plus élevée. Je savais que quelque chose n'allait pas parce que la chaleur m'entraînait toujours à un endroit en particulier. J'étais un

peu confuse — je n'arrivais pas à comprendre. À ma grande surprise, l'archange Michaël m'a entraînée vers le mur de briques, qui était très chaud. La chaleur s'élevait jusqu'en haut, alors j'ai levé les yeux.

Eh bien ! Michaël m'avait ainsi guidée pour que je vois que les sacs de plastique qui recouvraient les lumières étaient en train de prendre feu. De la fumée sortait des sacs qui commençaient à brûler. Je savais que l'archange Michaël m'avait forcée à aller dehors et à regarder en l'air pour apercevoir les sacs.

J'ai immédiatement éteint les lumières et j'ai retiré les sacs. Pendant que je m'affairais, j'ai versé des larmes d'émotion et de gratitude et j'ai remercié Michaël. Sans l'archange, ma maison aurait sans doute pris feu pendant que mon mari, mes enfants et moi dormions.

Voilà une expérience que je n'oublierai jamais. Je suis profondément reconnaissante envers le monde spirituel et l'archange Michaël. Il transmet toujours ses messages et nous laisse savoir qu'il est à nos côtés, surtout dans les situations de vie ou de mort. Nous devons simplement nous arrêter et être à l'écoute de cette guidance intérieure.

Je tiens à répéter et à souligner le dernier point de Belinda : « Nous devons simplement nous arrêter et être à l'écoute de cette guidance intérieure. » Autant Michaël est capable de nous aider, nous guider et nous protéger, autant nous devons faire notre part en prêtant attention aux messages qu'il nous envoie sous forme de visions, de paroles et de sensations. Nous savons toujours que nous sommes guidés par Michaël en raison des lumières bleues ou mauves qui le caractérisent, de son ton direct, de son effet calmant et de la chaleur qu'il irradie.

Dans le prochain chapitre, nous allons examiner les façons étonnantes par lesquelles Michaël offre sa protection, y compris son habileté à défier les lois physiques de la gravité, du temps et de l'espace.

ॐ ॐ ॐ

CHAPITRE IV

MICHAËL, LE PROTECTEUR DIVIN

ICHAËL EST D'ABORD et avant tout connu comme étant l'ange qui vient à la rescousse, protège et sauvegarde. Il est toujours décrit comme un guerrier, quoique très tendre et pacifique. J'entends et je lis tellement d'histoires à propos de la protection miraculeuse de l'archange Michaël que je suis convaincue que les auteurs se sont inspirés de lui pour créer leurs personnages de superhéros.

Comme vous le lirez, Michaël peut, d'un seul bond, sauter par-dessus des grands immeubles. D'ailleurs, ce chapitre démontre à quel point l'archange possède des habiletés illimitées pour nous aider ! C'est sans doute la raison pour laquelle il ne cesse de nous rassurer qu'il ne faut pas nous inquiéter, car il est à nos côtés et nous protège tous.

MICHAËL DÉFIE LES LOIS DE LA PHYSIQUE

Comme les anges ne possèdent pas de corps physique, ils ne sont pas affectés par la gravitation, le temps et les autres lois de la physique. Ainsi, l'archange Michaël peut déplacer instantanément une automobile du point A au point B, ainsi qu'arrêter le temps. Il effectue cette magie divine quand c'est nécessaire pour sauver des vies. Les histoires contenues dans cette section devraient éliminer tout doute que vous avez envers la présence et les habiletés miraculeuses de Michaël.

Une femme nommée Sandra est absolument certaine que l'archange lui a sauvé la vie, parce que rien ne peut expliquer comment son automobile a soudainement changé de direction après que son frère en eut perdu la maîtrise :

Mon frère, ma belle-sœur et moi avions décidé d'aller visiter notre tante et notre oncle à Noël. Les routes étaient verglacées à certain endroits, mais nous n'avions aucune idée à quel point elles étaient dangereuses. Quand nous nous sommes retrouvés sur la route, j'ai demandé à mon frère de ralentir, mais il m'a dit qu'il conduisait prudemment. Nous avons glissé sur de la glace à quelques reprises, mais il n'a pas ralenti pour autant. Il se vantait d'être un conducteur de camion chevronné. Il pouvait bien sûr conduire avec maîtrise les semi-remorques, mais nous étions maintenant dans une petite automobile.

Tout ce dont je me souviens, après, c'est que nous nous sommes mis à déraper sur les deux voies de notre côté de la route, puis nous avons dévié du côté du trafic venant en sens inverse. Nous étions dans une automobile à deux portes et j'étais assise à l'arrière. Ma belle-sœur, qui ne savait pas conduire, essayait d'agripper le volant pendant que l'auto dérapait.

Pendant que l'auto continuait de tourner dans tous les sens, j'ai vu un tracteur semi-remorque qui descendait la colline. Nous nous trouvions au bas de celle-ci et le camion se rapprochait à chacun de nos dérapages. Je me suis mise à prier et à demander à l'archange Michaël de nous protéger. Soudain, miraculeusement, notre automobile est revenue du bon côté de la route et s'est immobilisée dans un tas de neige.

Merci, archange Michaël ! Au moment où nous nous sommes immobilisés, j'ai entendu le camion de dix-huit roues passer à toute vitesse, à grands coups de klaxon ! Je suis certaine que le conducteur était également secoué, car nous aurions tous pu y laisser notre peau. Nous n'avons heurté aucune automobile et aucune n'est entrée en collision avec nous, et je ne peux expliquer comment notre véhicule a pu se sortir de cette situation et revenir dans la bonne voie autrement que grâce à une assistance angélique.

En reprenant doucement la route pour nous rendre chez mon oncle et ma tante, nous avons vu des automobiles enfoncées dans des fossés de chaque côté de la route, ainsi qu'un gros camion qui avait fait une embardée et était tombé dans la rivière. Nous avions été bénis par les anges.

J'admire tellement Sandra d'avoir eu la présence d'esprit de prier et de demander à Michaël de les protéger durant cette expérience ! Cette histoire nous rappelle qu'en situation de crise, la prière demeure la meilleure protection. Il est sans doute préférable de prendre l'habitude de prier avant de vous retrouver en situation d'urgence afin que cela devienne une seconde nature de dire « Michaël, de grâce, aide-moi ! » plutôt que de maudire les circonstances.

La prochaine histoire d'une femme nommée Amber me rappelle l'un de mes films d'enfance préférés, *Monte là-d'ssus* (The Absent-Minded Professor), dans lequel le personnage de Fred MacMurray découvre une substance pour faire voler son automobile comme un avion :

> *Quand mon mari s'est retrouvé malade en phase terminale, j'ai découvert la spiritualité, y compris la communication avec les anges. Celle-ci m'a sauvé la vie !*
>
> *Je roulais sur une route en compagnie de ma fille. Arrivée à une intersection, une autre automobile m'a coupé la voie. Il était impossible que l'un ou l'autre des véhicules puisse freiner à temps pour éviter une grave collision. Dans les quelques précieuses secondes qui restaient, la seule pensée qui m'est venue était que nous allions mourir. Effrayée, j'ai réalisé que mon mari allait mourir seul sans nous, mais que nous serions tous réunis dans l'au-delà – mon mari, ma fille et moi.*
>
> *Je ne sais pas combien de temps s'est écoulé entre le moment où j'ai compris que la collision était inévitable et celui où il s'est passé une chose incroyable, mais cela a dû se produire presque instantanément. Pendant que je me préparais mentalement à l'impact, j'ai soudainement senti mon auto « s'envoler » – elle a semblé être soulevée dans les airs et a continué d'avancer en toute sécurité. Cela s'est passé très vite et je ne pouvais croire ou comprendre ce qui arrivait.*

Tout est devenu silencieux, comme si le temps s'était arrêté. J'ai repris mes sens immédiatement après et j'ai continué de conduire jusqu'à la maison. Depuis, je ne cesse de repasser le film de ce miracle dans ma tête.

Je ne peux pas dire que j'ai vu un ange au moment où ma fille et moi avons été « sauvées », mais j'ai bel et bien senti une présence angélique qui irradiait une puissante énergie d'amour protecteur. Je crois que l'archange Michaël était avec nous.

Je sais maintenant que la mort de mon mari a été un passage entre la Terre et notre demeure éternelle après une vie accomplie. Elle a aussi correspondu à mon éveil spirituel et à mon nouveau cheminement pour trouver ma mission. Ma vie a été bénie par la beauté des anges qui semblent ne jamais me quitter.

Ces temps-ci, quand je conduis, je vois du coin de l'œil – ou parfois dans mon esprit – trois anges très grands assis sur le siège arrière. Ils semblent pressés les uns contre les autres comme s'il n'y avait pas suffisamment d'espace pour leurs ailes. Cette vision est merveilleuse et me touche à chaque fois. D'ailleurs, je suis souvent incapable de m'empêcher de rire, car ils sont très drôles à voir. Voilà le genre de phénomène qui illumine mon espoir en l'au-delà, là où nous retrouvons tous ceux que nous avons aimés.

Bien que les anges semblent ailés, ils ne battent pas des ailes pour voler comme un oiseau. Il peuvent cependant « voler » au sens où ils peuvent se trouver instantanément à l'endroit où ils doivent être. Et en tant qu'êtres illimités et immatériels, les anges comme Michaël peuvent se trouver avec des milliers de personne en même temps. Ils ont rehaussé le don d'ubiquité à un niveau supérieur !

Ainsi, avec la capacité des anges de défier la loi de la gravité, nous ne devrions pas être surpris d'entendre des histoires telles que celle de Mary Pulvano. Après tout, s'ils peuvent voler, pourquoi ne pourraient-ils pas également soulever une automobile et la transporter à un nouvel endroit ?

Je venais d'obtenir mon permis de conduire et comme tout jeune, je conduisais un peu plus vite que je ne l'aurais dû. Un soir en particulier, je rentrais à la maison et j'attendais que le feu tourne au vert à une intersection très fréquentée. Dès qu'il l'est devenu, j'ai appuyé sur l'accélérateur et j'ai avancé.

Ce qui s'est produit après continue de demeurer un mystère pour moi encore aujourd'hui. Tout ce dont je me souviens, c'est d'avoir effectué un virage sur ce chemin passant, d'avoir perdu la maîtrise de mon automobile et de m'être retrouvée dans la voie opposée. Je faisais face à tout le trafic qui venait en sens inverse ! D'autres véhicules et un immense tramway fonçaient droit sur moi.

J'ai cru ma mort venue, alors j'ai fermé les yeux et j'ai dit : « Archange Michaël, de grâce, viens à mon secours ! »

Je me rappelle avoir ensuite ouvert les yeux et avoir été renversée par ce que j'ai vu : mon auto avait, je ne sais comment, contourné le trafic, évité le tramway et s'était immobilisée sur le trottoir d'en face ! Elle n'avait même pas été éraflée et, heureusement, aucun piéton ne se trouvait sur le trottoir.

Je crois que l'archange Michaël m'a sauvé la vie ce jour-là parce que mon heure n'était pas venue. Encore aujourd'hui, il est toujours à mes côtés !

En plus de déplacer instantanément des automobiles et de les faire voler, Michaël peut modifier leur trajectoire afin d'éviter une collision, comme un homme nommé J. L. Williams en a fait l'expérience :

Quand je me déplace, je demande toujours à l'archange Michaël de me protéger. Un jour, alors que j'avais un drôle de sentiment, j'ai fait appel à lui au moment où j'allais dépasser un semi-remorque.

Je venais à peine de finir ma prière que la remorque du camion a commencé à se renverser sous mes yeux ! Aussitôt, on aurait dit qu'une main géante l'a saisie et l'a redressée. Parce que j'avais écouté mon intuition et j'avais prié, je suis encore en vie pour pouvoir vous raconter cette histoire.

Inutile de dire que je n'ai aucun doute d'avoir été protégé par l'archange Michaël ce jour-là.

En lisant l'histoire de J. L., je sens combien il a été impressionné par son expérience. Et même si les habiletés de Michaël peuvent sembler surnaturelles, il nous donne peut-être un aperçu du potentiel que nous n'avons pas encore développé. J'adorerais voir des physiciens et d'autres scientifiques étudier ces expériences avec Michaël, étant donné qu'elles donnent des indications sur la lévitation et sur d'autres exploits dont nous pourrions profiter.

La prochaine histoire de Jeanna Lejk fera peut-être grincer les amoureux des animaux; mais ne vous inquiétez pas, car je crois que l'archange Michaël a non seulement veillé sur Jeanna, mais sur le cerf impliqué également. L'archange protège les animaux *et* les êtres humains, et avec ses dons miraculeux, je suis certaine qu'il a entièrement protégé le cervidé :

Pour me rendre au travail, j'adore rouler pendant une heure sur une petite route de campagne pittoresque, même si mon amoureux et ma famille croient que c'est risqué. N'empêche, j'effectue toujours une prière et je demande à l'archange Michaël de me protéger, ainsi que mon automobile, alors je me sens complètement en sécurité. Cette route à deux voies possède beaucoup de courbes et d'escarpements traîtres, mais je me concentre toujours sur la vue des arbres, des champs et des montagnes.

Un soir, en rentrant, je roulais à environ 70 kilomètres à l'heure tout en écoutant la radio et en me demandant ce que j'allais manger en arrivant à la maison. En approchant d'une courbe raide, j'ai aperçu un très gros cerf au milieu de la route qui me fixait droit dans les yeux. J'ai vite envisagé une façon de l'éviter : il y avait un escarpement à droite, et, à gauche, la voie en sens inverse et la montagne. Mais je n'ai pas eu le temps de réagir; tout s'est passé si vite. J'ai heurté le pauvre cervidé et le choc a fait dévié mon auto sur du gravier, en direction de l'escarpement !

Soudain, j'ai eu la sensation que quelqu'un repoussait mon véhicule dans ma voie. Tout ce dont je me souviens, c'est l'incroyable force que j'ai ressentie. Mon auto était de nouveau sur la route comme si je n'en avais jamais perdu la maîtrise. J'ai prié pour que personne d'autre ne heurte le cerf et qu'il s'en tire vivant. Même si mon auto était passablement endommagée, j'ai pu rentrer à la maison. Merci, archange Michaël pour ta présence continue dans nos vies !

Ces histoires nous rappellent que l'au-delà nous aide de nombreuses manières créatives. Quand vous demandez de l'aide, ne vous inquiétez pas de la façon dont votre prière sera exaucée, car la méthode peut parfois défier entièrement toute logique.

AVEC L'AIDE DE MICHAËL,
VOUS ÊTES ENTIÈREMENT PROTÉGÉ ET EN SÉCURITÉ

La force miraculeuse de Michaël et ses pouvoirs qui défient la gravitation ne se limitent pas seulement aux véhicules. Il nous protège aussi en modifiant, en éliminant ou en bloquant la source de notre peur. Peu importe la situation, Michaël peut nous protéger, comme Brenda L. Hann l'a découvert :

J'habite à Los Angeles, dans un immeuble à logements qui ne possède pas de garage. Un soir que je me dirigeais vers l'immeuble après avoir garé mon auto dans la rue, j'ai aperçu un immense berger allemand qui bloquait l'entrée clôturée. Le chien s'est raidi en me voyant approcher et il s'est mis en position d'attaque. Il me fixait du regard et ses oreilles étaient tendues. *Il faisait vraiment peur à voir. C'était un animal plutôt costaud avec des longs membres. Debout sur ses pattes arrière, il était sans doute plus grand que moi.*

Le chien est devenu très agité quand je me suis retrouvée à 1,5 mètre de lui. Il a commencé à grogner et à japper de manière agressive, les oreilles pointées. Au moment où il s'apprêtait à bondir sur moi, j'ai aussitôt appelé mentalement, Michaël ! Ce qui s'est passé ensuite est pour le moins renversant : tout est devenu silencieux et immobile et le chien a reculé dans la rue et a continué de japper comme un fou avant de s'enfuir !

J'ai marché en direction de l'entrée en priant Michaël de le tenir éloigné et, dès que j'ai franchi la barrière et refermé la porte, j'ai senti combien mes mains tremblaient et mes genoux étaient flageolants. Je crois fermement que l'archange est intervenu et a fait fuir le chien. Je suis rentrée chez moi et j'ai allumé une chandelle en signe de gratitude envers Michaël et pour le remercier de sa présence.

Ce que j'aime de l'histoire de Brenda, c'est qu'elle est un parfait exemple de la façon dont l'archange aide à défier toute logique. Voilà pourquoi je ne cesse d'insister sur le fait que nous ne devons pas nous inquiéter de la façon dont nos prières seront exaucées, parce que la créativité et la puissance de l'au-delà sont illimitées. Comme Brenda l'a découvert, Michaël peut arrêter un chien menaçant dans son élan.

Il vous est peut-être déjà arrivé de faire appel aux anges alors que vous étiez à bord d'un avion. Si vous n'en avez jamais fait l'expérience, l'histoire de Christine Cowl illustre comment Michaël et d'autres êtres célestes peuvent rendre un vol agréable et sans heurts :

J'effectuais un vol entre le Tennessee et New York durant une saison où il y avait de violentes tempêtes. L'avion était secoué et j'avais peur, alors j'ai demandé à l'archange Michaël et à sa légion d'anges miséricordieux de maintenir l'avion bien droit et de nous mener à destination en toute sécurité.

Eh bien ! les anges nous ont vraiment aidés, parce que nous sommes arrivés sains et saufs à l'aéroport de New York. Le chauffeur de taxi m'a dit qu'il n'avait pas eu un seul client de la journée et que notre avion était le seul à avoir pu atterrir à New York. Tous les autres avaient été redirigés vers d'autres aéroports.

Je fais toujours appel à l'archange Michaël et à sa légion d'anges miséricordieux quand je voyage et que le vol devient un peu inquiétant, avec pour résultat que j'arrive toujours à destination saine et sauve, après avoir assisté à des miracles comme celui-ci.

L'archange Michaël *rend vraiment* les voyages plus agréables et sûrs et cela comprend aussi les trajets en automobile. Si seulement vous et moi avions la présence d'esprit de faire appel à lui comme Andrea l'a eue quand son auto s'est retrouvée coincée alors qu'un train fonçait sur elle :

Je m'apprêtais à traverser une voie ferrée quand j'ai entendu venir un train. Je ne m'y attendais pas parce que les barrières du passage à niveau et les signaux lumineux étaient brisés. Le trafic s'était arrêté et je me suis retrouvée immobilisée, avec le train qui approchait et qui sifflait fort et faisait clignoter ses phares. Les automobiles devant moi n'avançaient pas, alors il n'y avait pas moyen de m'en sortir.

J'ai crié : « Archange Michaël, arrête-le ! Arrête-le, Michaël ! » Par miracle, l'auto devant moi a avancé ! J'ai appuyé sur l'accélérateur et j'ai réussi à dégager la voie. Au passage du train, mon auto en a été toute secouée.

J'ai vécu un grand nombre d'expériences avec l'archange Michaël au fil des ans — toujours dans mon automobile. Chaque fois que je l'ai supplié de m'aider, j'ai réussi à sortir saine et sauve des situations qui auraient pu être fatales. Et tout cela grâce à Michaël !

L'archange assure non seulement notre sécurité quand nous conduisons, il protège aussi notre automobile et nos autres biens physiques, comme l'a vécu Donna Murray :

Cela fait tellement longtemps que je demande à l'archange Michaël de me protéger que c'est devenu presque un automatisme de dire son nom même pour des choses insignifiantes. Chaque fois que je monte à bord de mon auto, je demande à Michaël de l'entourer de sa lumière blanche d'amour, de puissance et de protection. Je lui demande aussi de ne pas entrer en collision avec quoi que ce soit.

Un jour, mon fils avait invité un copain à venir jouer à la maison. Quand sa mère est venue le chercher, nous sommes demeurées quelques minutes à bavarder dans l'entrée du garage. Puis, elle est montée à bord de son véhicule et a embrayé, et c'est alors que j'ai réalisé qu'elle reculait dans mon *auto ! Je n'ai eu que le temps de dire « Michaël ! » et de voir son pare-chocs enfoncer le mien.*

Elle s'est vite mise en marche avant, puis est sortie de son auto en criant : « Oh mon Dieu ! Mais qu'ai-je fait ? » Nous avons alors examiné les pare-chocs et ni l'un ni l'autre n'était endommagé. Pas même une éraflure ! J'ai éclaté de rire et j'ai dit : « Merci, Michaël ! ».

Chacune de ces histoires est un merveilleux rappel qu'il suffit de demander l'aide de Michaël et il nous protégera de différentes façons. Nous pouvons aussi lui demander de protéger nos êtres chers. Bien que l'archange ne puisse imposer son aide à quelqu'un qui ne la désire pas, sa présence peut servir de barrière protectrice et de force lumineuse. Dans l'histoire suivante, Lynne Martin se rappelle la fois où elle a demandé à Michaël de protéger son fils :

Je demande chaque jour à l'archange Michaël de nous protéger, ma famille et moi, car nous vivons en Afrique du Sud, un pays où le crime fait partie du quotidien. Mes adolescents aiment sortir dans les bars, le soir, et je ne peux pas vous décrire les histoires d'horreur qui nous sont régulièrement rapportées. Voilà pourquoi je compte autant sur l'aide précieuse de saint Michaël… et il ne me déçoit jamais.

Mon fils revient habituellement de sa sortie dans les bars vers 2 h du matin. Et chaque fois, quelque chose me réveille 30 minutes avant son arrivée et je remercie automatiquement l'archange Michaël de protéger mon enfant.

Un soir, je ne me suis pas réveillée et, au lever du jour, vers 5 h, je me suis mise à paniquer, ne sachant pas si mon fils était en sécurité ni à quel endroit il se trouvait. J'ai couru dans sa chambre et constaté qu'il n'était pas rentré. J'ai essayé de le rejoindre sur son téléphone portable, mais il n'a pas répondu. Je me suis donc assise, j'ai pris une profonde inspiration en me disant de me calmer, puis je me suis adressée à l'archange Michaël. « Oh, mon cher Michaël, seul toi peux m'aider maintenant. Je sais que tu veilles sur mon enfant et j'ai confiance en toi, alors, de grâce, laisse-moi savoir qu'il va bien. »

Moins de trois minutes plus tard, mon fils m'a appelée pour me dire qu'il avait dû aller reconduire des amis et qu'il avait dormi chez l'un d'eux, mais qu'il rentrerait bientôt à la maison. Ma première pensée a été : « Oh, merci, Michaël ! Je t'aime ! »

Je crois que Michaël a incité le fils de Lynne à l'appeler. Seule la puissance de l'archange a pu pénétrer l'esprit effervescent d'un adolescent pour lui rappeler d'appeler sa mère ! Je crois aussi que les prières que Lynne prononce trente minutes avant l'arrivée de son fils l'aident à demeurer en sécurité à sa sortie des bars.

L'histoire suivante de Tania Rome illustre également que nous pouvons demander à l'archange Michaël d'aider d'autres personnes :

Il y a quelques mois, mon amoureux, Arran, s'est fait voler son vélo au beau milieu de la nuit, à l'extérieur de notre appartement. Le voleur a réussi à couper la chaîne robuste et nous avons été surpris de la vitesse à laquelle il avait agi. Les vols de vélos sont fréquents, là où nous habitons, et il est rare que les gens récupèrent leur bicyclette.

Dès que mon copain m'a dit que le vélo avait disparu, j'ai demandé à l'archange Michaël de nous le retourner immédiatement en bon état. Au grand étonnement d'Arran, la police a appelé trois heures plus tard pour nous dire qu'elle avait trouvé son vélo. Il avait été abandonné dans un stationnement, sans avoir été endommagé.

Les gens à qui j'ai raconté cette histoire ont été impressionnés ou ont dit que c'était inhabituel ou que nous avions beaucoup de chance. Je ne peux pas leur dire que j'ai fait appel à l'archange Michaël parce que ce n'est pas tout le monde qui croit en ce genre de choses, mais je sais au fond de moi que la chance n'y était pour rien.

L'histoire de Tania est un autre exemple de la façon dont Michaël est un grand défenseur en matière de justice et d'équité. Parce qu'il soutient la vérité, il protège ceux qui sont injustement accusés, comme Maura Canty l'a découvert le jour où l'archange l'a protégée d'une fausse accusation :

J'étudie la métaphysique depuis de nombreuses années et je me suis un peu intéressée aux anges. Avant mon expérience avec Michaël, j'avais toujours eu de la difficulté à faire appel à ces derniers : (1) je n'étais pas vraiment certaine de leur existence, (2) j'ai de la difficulté à demander de l'aide à quiconque et (3) je ne croyais vraiment pas qu'il était nécessaire de déranger l'au-delà avec mes problèmes ou mes appels à l'aide. N'empêche que le jour où j'ai eu besoin comme jamais de l'aide des anges, je crois vraiment que Michaël m'a protégée.

Je travaille dans le secteur hypothécaire en tant que préposée aux prêts. Il y a plusieurs années, j'ai travaillé dans une entreprise où j'avais une assistante qui m'aidait à accorder des prêts hypothécaires. J'étais très occupée et je n'avais pas beaucoup de temps pour surveiller son travail. Je n'avais donc aucune idée qu'elle commettait une fraude sous mon nez !

Un jour, j'ai reçu l'appel d'un agent du Bureau d'investigation qui m'a dit que je devais comparaître devant un jury pour une accusation de fraude envers le gouvernement. J'étais horrifiée ! Je savais que je n'avais rien fait de mal, alors j'ai appelé un avocat, qui a appris que la cause contre moi était solide. Un enquêteur l'avait informé que je serais sans aucun doute accusée.

J'ai donc retenu les services du meilleur avocat dans ce domaine. Il m'a répété la même chose : « Parlez-en à votre famille et prenez les dispositions nécessaires pour votre fils, car vous allez être accusée. Nous allons devoir aller en appel — pour la somme de 30 000 $. » L'avocat m'a expliqué que si nous perdions, je serais condamnée à une peine d'emprisonnement de cinq à huit ans !

J'étais innocente et je le savais, mais j'étais complètement dépassée par les événements. Heureusement, c'est à ce moment-là que je me suis souvenu des anges.

J'ai fait appel à l'archange Michaël. J'ai allumé des chandelles bleues en son honneur (comme il s'agit de sa couleur) et je lui ai demandé de m'envelopper dans ses ailes et de me protéger contre les fausses accusations, et de faire en sorte que la vérité soit connue. Chaque jour, j'invoquais l'archange Michaël de m'entourer et de me protéger. J'ai envoyé mon fils habiter chez des membres de ma famille en attendant d'être arrêtée. C'était une période difficile à traverser, mais j'avais confiance que Michaël me protégerait et que la vérité sortirait au grand jour.

Eh bien, ma foi a été récompensée ! Mon avocat et toutes les parties concernées sont demeurées ébahies quand je n'ai pas été accusée. Ils ont dit que l'enquêteur était assuré qu'il y avait lieu d'intenter une poursuite contre moi. Le temps a passé, la plainte a été repoussée et je n'ai jamais eu à me présenter, ni même été arrêtée. De plus, mon nom a été blanchi du scandale. Ma vieille assistante a cependant été accusée et elle est présentement en prison.

Tout ce que je peux dire, c'est que je sais que l'archange Michaël m'a sauvé la vie. Il nous a protégés, mon fils et moi, qui s'appelle aussi Michaël. Cela a renforcé ma croyance envers le royaume des anges et, depuis, je parle à tout le monde des messagers du ciel et de mes expériences avec eux. Merci, archange Michaël !

Michaël est toujours près de nous et veille continuellement sur tout le monde et sur la planète entière. Comme je l'ai déjà mentionné à plusieurs reprises, il possède la capacité illimitée d'être simultanément avec tous les êtres humains et d'offrir une attention unique et individualisée à tous ceux qui font appel à lui.

Dans le prochain chapitre, nous allons examiner la capacité miraculeuse de Michaël d'offrir son aide en ayant recours à des individus… et parfois, c'est l'archange Michaël, lui-même, qui apparaît sous une forme humaine.

❦ ❦ ❦

CHAPITRE V

L'AIDE HUMAINE

ARFOIS, l'aide que Michaël apporte en intervenant et en rétablissant la situation de sa main invisible ne suffit pas. Il arrive qu'une aide terrestre soit nécessaire. Dans le présent chapitre, vous découvrirez deux types d'intervention humaine commandée par l'au-delà. Dans le premier cas, Michaël, en réponse à nos prières, envoie d'autres êtres humains pour nous venir en aide. Dans le deuxième cas, l'archange semble prendre l'apparence d'un être humain. Il surgit de nulle part pour offrir son aide extraordinaire, puis disparaît sans laisser de trace.

Michaël envoie d'autres êtres humains pour nous aider

Si vous avez déjà eu l'impulsion d'aller aider un étranger, vous avez peut-être temporairement fait partie de la légion d'anges miséricordieux de l'archange Michaël, et ce sans le savoir. La sagesse infinie qui guide tous les êtres célestes, y compris Michaël, possède des solutions instantanées et ingénieuses à toutes les prières. Parfois, ces réponses nécessitent l'intervention d'êtres humains qui viennent à la rescousse d'une personne dans le besoin. Très souvent, ces assistants s'appellent Michaël, comme cela m'est arrivé le jour où j'ai demandé l'aide de l'au-delà lors d'un séjour à Adélaïde, en Australie.

Je faisais des redressements assis quand j'ai senti mon dos effectuer un mauvais mouvement. J'avais très mal et je savais qu'un chiropraticien expérimenté pouvait le redresser. Mon mari Steven et moi avons prié afin de trouver un bon chiropraticien à Adélaïde. Cependant, je n'étais pas vraiment à l'aise avec l'idée d'en choisir un dans une ville et un pays étrangers, sans aucune référence. « De grâce, Seigneur Dieu et les anges, aidez-moi à trouver quelqu'un qui pourra redresser mon dos sans que j'aie besoin de médicaments ou de radiographies, en une seule séance. »

Nous avons demandé au personnel de l'hôtel de trouver un chiropraticien qui pourrait m'examiner ce jour-là. Une heure plus tard, le concierge nous a dit qu'il avait de la difficulté à trouver quelqu'un qui pouvait me recevoir. Puis, il a pointé la liste de l'annuaire téléphonique en disant : « Il reste un médecin que je n'ai pas encore appelé. Je vais essayer de le rejoindre à son bureau. »

Nous sommes allés prendre notre petit déjeuner dans le restaurant de l'hôtel et le concierge est venu nous dire, tout excité, que le dernier chiropraticïen qu'il avait appelé pouvait me recevoir à 15 h 30 parce qu'un patient venait d'annuler son rendez-vous. Comme je donnais un séminaire ce soir-là à Adélaïde, cela tombait pile.

En m'habillant pour aller à mon rendez-vous, j'ai pensé qu'il était dangereux de choisir quelqu'un au hasard dans l'annuaire téléphonique. Puis, j'ai ressenti un profond sentiment de paix et de réconfort et j'ai alors su que tout reposait entre les mains de Dieu et qu'il veillait sur moi. J'avais la certitude que Dieu avait fait en sorte qu'un merveilleux chiropraticien réponde entièrement à mes prières. En nous rendant en taxi au rendez-vous, Steven a fait le commentaire suivant : « J'espère vraiment que ce type est bon ! »

J'ai répondu : « Je sais qu'il l'est. » Puis, je lui ai parlé du réconfort que j'avais reçu de Dieu.

En franchissant la porte du bureau du chiropraticien sur le chemin King William, Steven a pointé la plaque et a dit : « Regarde le nom du médecin ! » Le nom écrit sur la plaque était Michael Angeli. L'archange Michaël m'avait encore une fois protégée en m'envoyant à celui qui portait son nom.

Le Dr Angeli avait vraiment l'air d'un ange incarné, avec des grands yeux bruns et un sourire timide. Quand je lui ai demandé la signification de son nom de famille, il m'a expliqué que cela voulait dire « anges » en italien. Il a doucement replacé mon dos, en une seule séance, sans que j'aie besoin de médicaments ou de radiographies… Exactement comme je l'avais demandé dans mes prières !

Les pages qui suivent contiennent des histoires dans lesquelles la bonne personne apparaît au bon moment à la suite de prières formulées. Ce ne sont pas de simples coïncidences, mais plutôt la preuve de la présence de Dieu et du fait que Michaël veille sur nous tous.

L'histoire suivante de Donna Ogozalek illustre bien le lien entre l'archange et les policiers, ainsi que son titre de saint patron de la police. Je crois que Michaël inspire les membres des forces de l'ordre à respecter les principes les plus élevés en matière d'intégrité et de service à la population :

Ma fille de cinq ans, son amie et moi étions en train de savourer nos glaces à la crème chez le glacier. Le jour commençait à tomber et nous étions les seules personnes dans l'établissement, à part les employés derrière le comptoir.

Deux adolescents aux allures de voyous sont entrés et ont commandé des glaces. Ils se sont assis près nous et ont fait exprès pour cogner le derrière de ma chaise. Ils l'ont d'ailleurs fait à deux reprises. Je me suis tournée vers eux et j'ai vu qu'ils semblaient avoir l'intention de nous faire du mal et ce n'était pas une blague. Ils n'arrêtaient pas de nous fixer et leur regard était effrayant. Je les ai entendus dire : « Attendons qu'elles s'en aillent. »

Paniquée, j'ai regardé les deux fillettes qui n'avaient aucune idée de ce qui se passait. Comment allais-je réussir à les emmener en toute sécurité jusqu'à l'automobile et à les attacher dans leurs sièges ? Quelles étaient les intentions des deux adolescents ? Devrais-je aller le dire aux employés derrière le comptoir ?

J'ai décidé de demandé à l'archange Michaël de nous protéger et de veiller à ce que les fillettes arrivent saines et sauves à la maison. Quelques secondes plus tard, un policier est entré dans l'établissement. Je n'en croyais pas mes yeux. J'ai vite entraînée les filles à l'extérieur. Je savais que nous venions d'être sauvées par Dieu et l'archange Michaël, le saint patron de ce policier et des autres agents des forces de l'ordre. L'au-delà avait fait en sorte de nous protéger et je lui en suis profondément reconnaissante.

Je crois que Michaël avait guidé les pas du policier en direction du glacier en réponse à la prière de Donna.

L'archange a également dû devancer les prières de Tina Crandall, parce qu'il s'est assuré qu'un spécialiste des ours soit présent le jour où Tina a eu besoin d'information et d'aide :

J'habite dans le Connecticut, près d'un refuge forestier de 1215 hectares. C'est un endroit magique avec une rivière, des mares, des couverts boisés luxuriants et un grand nombre de sentiers pédestres. Il est interdit d'y chasser, pêcher ou camper et, à l'entrée du refuge, des affiches avertissent tous les visiteurs « de ne prendre que des photos et de ne rien laisser derrière eux sauf leurs empreintes de pieds ».

Un jour, je suis allée me promener dans le refuge pour entrer en communion avec les anges et la nature. Mais à mesure que je m'enfonçais dans la forêt, je me suis mise à avoir peur de croiser un ours. Vous savez, ces animaux pullulent dans ma ville et dans les environs ! Ils viennent fréquemment rôder dans les arrière cours. Et comme c'était le printemps, il y avait de fortes chances qu'il y ait des mères occupées à protéger férocement leurs petits. De plus, il n'y avait pas grand monde dans le refuge, ce jour-là. J'ai continué d'avancer en me sentant très vulnérable.

J'étais également fâchée de voir ma peur gâcher ma promenade paisible, alors j'ai commencé à prier. J'ai demandé à Dieu d'envoyer l'archange Michaël pour qu'il me protège. J'ai failli revenir sur mes pas à quelques reprises, parce que, malgré mes prières, je continuais de paniquer. Puis, je me suis souvenue de l'image de l'archange Michaël sur la carte « Vous ne courez aucun risque » des Cartes divinatoires des archanges de Doreen et du guide qui disait que sa protection est infaillible. J'ai répété « Vous ne courez aucun risque » et j'ai continué de marcher.

Une minute plus tard, j'ai aperçu un vieux monsieur qui venait dans ma direction. Nous nous sommes arrêtés pour échanger sur la beauté de cette matinée. Il m'a dit qu'il y avait un cerf un peu plus loin, près du sentier que j'avais emprunté. J'ai mentionné que j'adorerais voir un cerf, mais que j'avais peur de croiser un ours.

L'homme m'a expliqué qu'autrefois, il était le garde-chasse du refuge et que sa femme empruntait souvent les sentiers en solitaire et avait elle aussi peur des ours. Puis, il m'a donné des conseils sur la façon d'éviter de croiser un ours et m'a indiqué les mesures à prendre pour me protéger si j'en voyais un ! Il s'est montré tellement obligeant envers moi et m'a beaucoup rassurée !

Lorsque nous avons repris chacun notre route, j'étais vraiment soulagée de l'avoir rencontré. Je me suis arrêtée net quand j'ai réalisé que l'archange Michaël devait avoir placé cet homme sur mon chemin. Après tout, quelles étaient les chances de rencontrer un ancien garde-chasse qui connaissait bien le comportement de la faune exactement au moment où je commençais à craindre les ours ? Je me sens vraiment bénie par les anges !

Michaël nous envoie un être humain pour nous aider quand nous sommes particulièrement tendus et incapables d'entendre ou de sentir la présence et les conseils des anges. Tout comme Tina a reçu de l'aide durant sa randonnée, Vickie Kissel a elle aussi reçu une réponse à ses prières le jour où elle a gravi une montagne :

J'avais reçu beaucoup de signes qui m'incitaient à aller à Sedona, en Arizona, mais j'ai d'abord résisté à l'idée. Et pourtant, je sentais bien que mon âme s'éteignait à petit feu et que j'avais besoin d'un pèlerinage dans un lieu sacré pour me guérir, alors j'ai finalement décidé de m'offrir le voyage.

Je ne savais pas vraiment ce que j'étais venue chercher à Sedona, alors j'ai commencé par m'inscrire à différentes séances de guérison énergétique. Elles m'ont toutes été bénéfiques, mais je sentais que j'avais quelque chose d'encore plus grand à apprendre. Le dernier jour de mon voyage, mon but était de gravir la magnifique montagne rouge en forme de cloche appelée *Bell Rock*. J'ai roulé jusqu'à un stationnement situé tout près, sans me rendre compte que je n'étais pas à l'endroit où j'avais prévu d'effectuer ma randonnée.

Après 90 minutes de marche sous une chaleur de 40 °C, il ne me restait presque plus d'eau et très peu de temps avant mon vol de retour. Mais je suis finalement parvenue au pied de *Bell Rock*. Pendant que je m'émerveillais devant la magnificence de cette montagne grandiose, mes yeux se sont emplis de larmes, car j'ai constaté que je ne savais pas comment la gravir !

J'ai fermé les yeux et j'ai envoyé un message à l'archange Michaël : *Michaël, aide-moi ! Je n'y parviendrai pas seule et c'est tellement important pour moi de gravir cette montagne !* Puis, j'ai ouvert les yeux et j'ai absorbé la beauté de cette merveille naturelle qui s'élevait devant moi, attristée de ma défaite et de devoir retourner à mon auto, sous la chaleur.

Un moment plus tard, un homme s'est approché de moi et a commencé à me parler. Il m'a demandé si j'avais l'intention d'escalader *Bell Rock*. C'en était trop et je lui ai raconté mon histoire, c'est-à-dire que j'étais épuisée et que je ne savais même pas par où passer pour gravir la montagne !

Il m'a écoutée patiemment, puis il m'a dit qu'il gravissait la montagne au moins une fois par semaine et qu'il pourrait m'aider, si je le voulais bien. À ce moment-là, j'ai appris ma première leçon : toujours demander aux anges de m'aider.

Stupéfaite de voir ma prière exaucée aussi rapidement, j'ai accepté son offre. Habituellement, je me méfie des étrangers, surtout des hommes. Et pourtant, il m'inspirait confiance. C'était ma deuxième leçon : apprendre à me fier à mon intuition.

En nous dirigeant vers le sentier au pied de la montagne, je me suis retournée et je lui ai demandé son nom.

« Michael », a-t-il répondu.

J'ai éclaté de rire et il m'a demandé pourquoi. Je lui ai expliqué que j'avais demandé à l'archange Michaël de m'aider à gravir cette montagne. Il a paru intrigué et a demandé à en savoir plus sur les anges. Durant notre ascension, je lui ai fait part de mes connaissances à ce sujet, alors plutôt limitées.

À mesure que nous grimpions, nous nous sommes mis à échanger davantage. Nous sommes arrivés à un point où je ne pouvais plus grimper sans aide. Il a donc pris ma main et m'a entraînée sur la crête. Je me sentais en sécurité en sa présence. J'ai dû m'arrêter à plusieurs reprises pour me reposer. Cela n'a pas importuné Michael. « Prends tout ton temps », disait-il.

Il ne savait pas combien j'étais terrifiée de grimper aussi haut (ou s'il le savait, il ne le montrait pas) ! Nous avons continué de grimper toujours plus haut et j'ai dû m'arrêter fréquemment pour retrouver mon souffle et surmonter ma peur. Cher archange Michaël, suppliais-je en silence, aide-moi à surmonter ma peur afin que je puisse me rendre jusqu'au sommet. J'éprouvais aussitôt un sentiment de paix et de réconfort et je pouvais poursuivre mon ascension. Le fait de confronter mes peurs m'a donné le courage de les surmonter.

Nous étions à environ 30 mètres du sommet de Bell Rock. À cette hauteur, l'ascension était beaucoup plus difficile et *effrayante. J'ai regardé en bas et j'ai aperçu des dénivelés de 15 mètres. J'ai demandé à Michael de nous arrêter, car je ne savais pas si je pouvais continuer. Il s'est montré très compréhensif et a dit que la plupart des gens ne réussissaient pas à aller aussi loin que moi. Cela ne le dérangeait donc pas de redescendre si c'est ce que je désirais.*

J'ai réfléchi durant une minute. Je voulais vraiment atteindre le sommet. J'ai pris une profonde inspiration pour chasser mes peurs et j'ai encore une fois fait appel à l'archange Michaël. Cher archange Michaël, ai-je prié en silence, j'ai tellement peur ! J'ai besoin de ton aide ! J'ai aussitôt ressenti du courage et une voix m'a doucement murmuré : Tu peux le faire. Je suis avec toi – tu ne tomberas pas !

J'ai pris une autre profonde inspiration et, avant de changer d'idée, j'ai dit à mon compagnon de randonnée : « Allez hop ! On se rend au sommet ! » Quelques minutes plus tard, j'étais debout sur le sommet de Bell Rock. Mes jambes tremblaient comme celles d'un jeune poulain et j'avais du mal à respirer. Tout en parcourant des yeux l'immense montagne rouge, je savais que je n'étais pas seule. Avec l'aide des anges, il n'y a rien qui ne soit trop gros ou trop petit, aucun rêve qui ne puisse être réalisé. Il suffit simplement de croire.

Bien que le Michael qui m'avait aidée à gravir la montagne fût en chair et en os, je crois du fond de mon cœur que chacun de mes pas a été doucement guidé par l'archange Michaël. Je continue de m'adresser à lui fréquemment et je lui ai demandé de me protéger durant mon travail de guérison. Chaque fois qu'un ami ou un client vient me voir et me dit « Aide-moi ! », je fais aussitôt appel à l'archange

Michaël. Il m'a gentiment guidée et j'ai reçu de nombreux bienfaits de lui et du royaume des anges.

Michaël envoie aussi son « assistance routière angélique » à ceux qui circulent en automobile, comme l'a découvert une femme nommée Anna :

Je rentrais chez moi par un soir de grand vent quand j'ai aperçu quelque chose au milieu du chemin. Il était trop tard pour éviter l'objet — c'était un seau et il s'est retrouvé coincé sous mon auto, près de la roue. Heureusement, il n'y avait pas beaucoup de circulation, alors je me suis immobilisée au prochain arrêt et je suis sortie de mon automobile. J'ai remercié d'avance les anges de me permettre ainsi de retirer le seau et de continuer mon trajet à la maison. Cependant, comme j'étais incapable de déloger l'objet, j'ai décidé de me ranger sur le côté et d'appeler mon père pour qu'il vienne m'aider. Pendant que je priais, j'ai cette fois-ci demandé à l'archange Michaël de m'aider. (Bien que, pour dire la vérité, je fusse quelque peu irritée de ne pas pouvoir retirer le seau moi-même !)

Au moment où j'allais appeler mon père, une camionnette s'est arrêtée près de moi et les deux hommes à l'intérieur m'ont demandé si j'avais besoin d'aide. J'ai dit : « Oh oui, s'il vous plaît ! » Ils ont donc soulevé mon auto avec un cric et ont retiré le seau. Pendait qu'ils s'affairaient, j'ai réalisé que les anges avaient répondu à mon appel à l'aide.

Après, nous nous sommes mis à bavarder tout en rangeant les outils. L'un d'entre eux m'a dit qu'il s'appelait Abdul et que l'autre était son frère, et qu'il venait tout juste d'arriver en Australie, en provenance du Liban. Il s'appelait Michael ! Il a ensuite dit que c'était Michael qui m'avait aperçue au bord du chemin et qui lui avait dit de s'arrêter pour qu'ils puissent me venir en aide. Je les ai longuement remerciés... ainsi que, bien entendu, l'archange Michaël. Depuis, je n'ai jamais plus douté de ses pouvoirs utiles !

Dans de nombreuses histoires concernant l'archange Michaël (comme celles de mon chiropraticien et de l'aide apportée à Anna), la personne qui offre miraculeusement son aide s'appelle Michaël. C'est peut-être parce que ceux qui sont nommés d'après l'archange – par exemple qui portent le nom de Michael, Michaëlle, Mikaël, Michel, etc. – agissent en étroite collaboration avec lui.

Les histoires comme celles d'Anna et de Lisa Grubb (ci-après) nous rappellent que nous ne sommes jamais seuls, même quand notre véhicule s'enlise au milieu de nulle part :

J'étais dans une nouvelle relation avec une femme qui ne croyait pas aux anges ou à l'intervention divine. En raison de nos divergences spirituelles, il y avait de la tension entre nous, alors nous avions décidé de partir en vacances pour voir si nous pouvions résoudre nos différends. Nous avons trouvé un joli hôtel sur la côte, à deux heures de route, au nord de Sydney. Le propriétaire nous a suggéré d'aller nous promener sur les plages isolées dans mon véhicule à quatre roues motrices. Ma partenaire et moi avons trouvé l'aventure particulièrement excitante – et nous en avons aussi profité pour avoir une bonne conversation. Nous en sommes venues à un accord, celui de ne pas nous entendre à propos de nos croyances spirituelles.

Nous avons roulé sur le chemin jusqu'à ce que nous apercevions un panneau qui disait : *ACCÈS À LA PLAGE INTERDIT*. Nous savions, pourtant, que la mer était tout près. J'ai donc contourné le panneau et j'ai roulé sur environ 100 mètres, mais j'ai vite constaté qu'il y avait beaucoup de sable. J'ai décidé de rebrousser chemin, mais mon véhicule s'est enfoncé davantage. Après 20 minutes de frustration et de tentatives pour nous dégager, nous avons continué de nous enliser. Nous étions assises dans la camionnette et ma partenaire a insisté pour que j'aille chercher de l'aide.

J'ai pris une profonde respiration, j'ai appuyé ma tête sur le volant, j'ai fermé les yeux et j'ai demandé à voix haute à l'archange Michaël de nous envoyer de l'aide, sur-le-champ ! Avant même que ma partenaire ait le temps de demander « En quoi est-ce que cela peut nous être utile ? » j'étais dehors en train de parler à quatre hommes qui venaient de surgir et demandaient si nous avions besoin d'aide.

Ils étaient venus s'entraîner sur la plage en vue de la compétition He-Man à Sydney et ils ont mis tous leurs efforts à dégager ma camionnette et à nous ramener sur le chemin principal. Quelle bénédiction ! Leur intervention m'avait non seulement évité de marcher jusqu'en ville pour trouver une dépanneuse, mais avait aussi aidé ma partenaire à comprendre pourquoi je crois énormément aux anges !

Michaël envoie des êtres humains pour nous aider quand nous voyageons, que ce soit en avion, en train, en taxi ou en bateau. Voilà pourquoi vous devriez faire appel à lui quand vous vous apprêtez à partir en voyage. Il peut faciliter vos réservations de billets d'avion et d'hôtel, puis il vous assistera à chaque étape de votre voyage.

L'archange vient aussi à la rescousse des voyageurs qui se retrouvent coincés quelque part, comme Gigi Stybr et son mari l'ont découvert durant leur séjour en Italie :

C'était notre dernier jour de vacances en Italie. Mon mari et moi avions décidé de manger tôt, ce soir-là, dans un restaurant du quartier Via Veneto de Rome. Nous rentrions aux États-Unis le lendemain matin et notre vol était à 7 h. Cela voulait dire que nous devions nous lever tôt, alors nous avons demandé à la réception de l'hôtel de faire venir un taxi à 4 h 30 pour nous rendre à l'aéroport de Fiumicino.

Le lendemain matin, nous avons attendu à l'extérieur de l'hôtel, avec nos valises. À 4 h 35, un véhicule noir plutôt délabré s'est immobilisé devant nous et un chauffeur à l'allure tout aussi délabrée est sorti et a mis nos valises dans le coffre arrière. À cette heure du jour, il n'y avait pas âme qui vive dans les rues de Rome. Même les réverbères étaient éteints.

Nous avons vite remarqué que quelque chose n'allait pas. Le moteur s'est mis à faire des bruits étranges et, en passant devant le Colisée, nous avons constaté que nous étions dans un taxi illégal qui ne possédait même pas de téléphone. Mais illégal ou pas, nous n'avions qu'un seul désir : arriver à temps à l'aéroport.

Évidemment, le moteur de l'automobile a calé et le véhicule s'est arrêté. Nous étions coincés. Le chauffeur est devenu très agité et uniquement préoccupé par son véhicule en panne. Le fait que nous risquions de rater notre vol ne le dérangeait pas du tout. Mon mari et moi avons regardé autour de nous. Il n'y avait pas un seul véhicule dans la rue et tous les immeubles étaient plongés dans le noir. Seules les étoiles brillaient au-dessus de nous comme de jolis diamants. Au bout de la rue, il y avait une enseigne lumineuse sur laquelle était écrit Hôtel. J'ai dit à mon mari : « Tu dois aller là-bas demander de l'aide. » Il est aussitôt parti.

Je suis demeurée sur le trottoir avec nos deux valises. Soudain, j'ai pensé : il doit bien y avoir un autre moyen. Je devenais de plus en plus désespérée au point de voir la scène au ralenti. J'ai pris une profonde inspiration et j'ai crié intérieurement : de grâce, archange Michaël, aide-nous maintenant !

Moins de cinq secondes plus tard, j'ai aperçu les phares d'une auto blanche reluisante qui s'est arrêtée juste devant moi. L'intérieur du véhicule était tout aussi reluisant et le chauffeur a baissé sa vitre. « Avez-vous besoin d'un taxi ? » Puis, le jeune homme blond aux yeux bleus est sorti de son véhicule. Il possédait un beau sourire tendre et il semblait entouré d'un halo.

Mon mari est revenu quelques minutes plus tard. Nous sommes montés dans le taxi et le jeune homme blond nous a conduits à l'aéroport avec beaucoup d'avance.

LES ANGES INCARNÉS

Les histoires suivantes sont de puissants exemples de la capacité miraculeuse de Michaël de nous protéger dans toutes les situations. Il a le pouvoir d'apparaître sous une forme humaine et de disparaître sans laisser de trace. Dans certains de ces récits, je crois que Dieu et Michaël ont envoyé un ange qui s'est incarné temporairement en une personne serviable.

Dans l'histoire de Robyn Holmes, l'individu en question possédait plusieurs caractéristiques d'un ange incarné :

1. Il est apparu de nulle part, en réponse à un appel à l'aide.

2. Il a fait preuve d'une force extraordinaire.

3. Il est disparu sans laisser de trace avant que quiconque puisse le remercier.

Je me dirigeais vers mon auto en poussant un gros chariot dans lequel se trouvait un ordinateur de bureau. Arrivée à mon véhicule, j'ai voulu soulever la boîte, mais elle était trop lourde. Elle est restée coincée dans le chariot qui a basculé sur les roues avant, coinçant alors mon genou contre la barre de remorquage. Je venais de subir une chirurgie du genou, alors j'étais vraiment en mauvaise posture !

J'ai regardé autour de moi pour avoir de l'aide, mais il n'y avait pas une âme dans le stationnement. Comme j'avais vraiment mal au genou, j'ai prié en silence : Cher archange Michaël, j'ai besoin d'aide et j'en ai besoin maintenant !

J'ai aussitôt entendu une voix masculine derrière moi qui disait « Avez-vous besoin d'aide ? » et un homme a saisi la boîte comme si elle pesait une plume et l'a déposée dans mon auto. Le sourire aux lèvres, il s'est éloigné entre deux autos garées… sans jamais réapparaître de l'autre côté !

Je l'avais pourtant regardé s'éloigner, mais je ne l'ai jamais vu disparaître. Je suis montée à bord de mon auto et j'ai dit une prière pour remercier l'archange Michaël de m'avoir aidée en envoyant son assistant angélique. Je sais qu'il n'y avait personne derrière moi, ou nulle part dans le stationnement, parce que j'avais bien regardé, vous pouvez me croire. Dieu bénisse l'archange Michaël, qui répond toujours à notre appel.

La quatrième caractéristique des anges rapportée par les gens est leur apparence inhabituelle ou exotique. Certaines personnes les décrivent comme étant extrêmement bien habillés, tandis que d'autres ont rencontré des anges en haillons. Par contre, leurs traits ou leurs vêtements sont toujours uniques.

Dans la plupart des tableaux et des visions de l'archange Michaël, il a les cheveux blonds et le teint bronzé, ainsi que des traits nordiques. Je crois que la raison pour laquelle la plupart des gens voient Michaël avec des cheveux blonds est liée à l'aura dorée qui l'entoure et non parce qu'il est d'une race en particulier (surtout qu'il ne possède pas de corps physique).

La sœur de Cheryl Brook a été sauvée par un ange blond de ce genre :

Ma sœur Kathy était au volant de son automobile quand elle est tombée accidentellement dans le fossé en bordure du chemin. Elle a essayé de faire marche arrière, mais le véhicule *n'a pas bougé. Un grand homme aux cheveux blonds est vite venu à sa rescousse. Il a soulevé son auto et l'a sortie du fossé, sous le regard ébahi de Kathy !*

Quand elle s'est retournée pour le remercier… il avait disparu. Kathy n'a jamais vraiment dit que c'était l'archange Michaël. C'est seulement ce que, moi, je crois.

Dans l'histoire suivante d'Ann O'Donovan, l'ange venu à sa rescousse était non seulement un bel homme blond, mais il s'appelait aussi Michael !

Lors de mes vacances en Crète, en Grèce, j'ai pris l'autobus (un trajet nécessitant un transfert) pour aller rejoindre des amis. Nous avons dîné, bu et passé une merveilleuse soirée. À environ 2 h 30 du matin, mes amis ont offert de me reconduire en ville, là où je séjournais, mais j'ai refusé, car ils habitaient à deux heures de route de l'autre côté de l'île. Je trouvais injuste de leur imposer ces kilomètres supplémentaires.

Après le départ de mes amis, j'ai marché jusqu'à la grand-place, là où se trouvait la file de taxis. Cet endroit était habituellement très animé à toute heure du jour, mais, ce soir-là, il était désert. On se serait cru dans un film western, avec des boules d'arbustes qui roulent sur la rue principale d'une ville-fantôme. Le vent soufflait de plus en plus fort et il n'y avait pas une âme en vue, jusqu'à ce qu'une vieille femme vêtue de la tenue noire traditionnelle surgisse. Elle m'a dit : « Pas de taxi ? » J'ai répondu que non, puis elle a ajouté : « En grève. » Mon cœur s'est serré et j'ai pensé : que vais-je faire maintenant ?

J'ai fermé les yeux et j'ai dit : « Cher archange Michaël, vois dans quelle situation délicate je me trouve. Je suis dans un pays étranger. De grâce, pourrais-tu m'aider à rentrer à Stalis, là où je séjourne ? » Puis, j'ai ouvert les yeux. À mon plus grand étonnement, j'ai aperçu devant moi un bel homme blond sur une motocyclette, qui me souriait. Étant célibataire, je me suis dit que toutes mes prières venaient d'être exaucées – et pas seulement en matière de transport !

Je me suis entendue lui demander s'il allait à Stalis et il a répondu : « Oui, je peux vous y conduire », comme s'il m'attendait. Il m'a dit qu'il s'appelait Michael.

Malgré mon charme irlandais et ma volubilité, je suis un peu timide avec les hommes. Une foule d'émotions m'ont envahie et j'ai pensé : comme c'est étrange ! Quelles étaient les probabilités de rencontrer un Grec aux cheveux blonds qui s'appelle Michael, et de cette manière en particulier ?

Tout semblait parfait. Je pouvais sentir sa gentillesse – c'était tellement beau. Nous avons emprunté la route le long de la côte qui était bien éclairée par le clair de lune, mais ce qui m'a le plus frappée, c'est la blancheur des mains extrêmement belles de mon compagnon. Il m'a conduit exactement à l'endroit où je devais aller.

En descendant de la motocyclette, j'ai échappé mon sac. Je me suis penchée pour le ramasser et quand je me suis relevée, l'homme était parti ! Il avait simplement disparu ! J'ai regardé chaque rue autour de moi, mais il s'était vraiment envolé. J'étais contrariée parce que je n'avais même pas eu le temps de le remercier.

J'ai vécu là une expérience incroyable, une que je n'oublierai jamais parce que je crois que cet homme ne faisait *pas partie de notre monde ! L'archange Michaël est mon ami et mon compagnon de tous les jours et je suis si reconnaissante qu'il m'accorde son amour et son soutien.*

Une femme nommée Sita a fait l'expérience d'une autre des caractéristiques associées aux anges incarnés lors des interactions avec ces derniers. Elle a essayé de communiquer avec l'homme qui l'avait aidée, mais n'a jamais pu le retracer. Souvent, les gens se font dire que cette personne n'existe même pas ! J'ai reçu des centaines d'histoires semblables à celle de Sita :

En août 2005, ma fille et moi, ainsi que trois de ses amies, étions parties de Amherst pour rentrer à Pugwash, en Nouvelle-Écosse – un trajet d'environ 50 kilomètres. Je voulais faire le plein à Amherst, mais nous nous amusions tellement dans l'auto que j'ai oublié.

À environ 20 kilomètres de notre maison, j'ai remarqué sur le tableau de bord que l'indicateur de « réservoir vide » était allumé. Nous étions sur une route déserte, il était tard le soir, et la station-service la plus près se trouvait à Pugwash. J'avais également oublié d'apporter mon téléphone portable, alors j'ai roulé jusqu'à ce qu'il n'y ait plus d'essence dans le réservoir, puis je me suis rangée sur le côté.

Il n'y avait rien d'autre à faire que de prier ! Je me suis adressée à l'archange Michaël et je l'ai supplié de nous aider. Quelques minutes plus tard, j'ai aperçu un camion de construction dans mon rétroviseur. Les filles et moi avons bondi hors de l'auto et avons agité vivement nos bras. Heureusement, le conducteur s'est arrêté et j'ai remarqué que l'affiche sur le camion indiquait MINISTÈRE DES TRANSPORTS DE LA NOUVELLE-ÉCOSSE.

J'ai couru du côté du conducteur et j'ai remarqué que l'homme était âgé et ressemblait à un ange. Je lui ai rapidement expliqué la situation; il a souri et a dit : « J'ai un bidon plein d'essence à l'arrière du camion. » Il l'a vidé dans mon réservoir et a refusé mon argent. Il a simplement dit : « Non merci, ma chère. Nous t'en faisons cadeau. »

Il m'a ensuite invitée à le suivre jusqu'à la station-service la plus près. J'ai abondamment remercié l'archange Michaël ainsi que cet homme et nous sommes rentrées à la maison en toute sûreté.

Le lendemain, je me suis arrêtée au ministère des Transports pour aller remercier encore une fois notre sauveur. À ma grande surprise, ils m'ont dit que l'homme que je leur décrivais avait pris sa retraite et qu'aucun de leur camion ne se trouvait sur la route ce soir-là.

J'ai encore une fois remercié Michaël pour ce miracle ! Chaque fois que je passe devant le ministère, je lui rends toujours grâce et j'ai encore la chair de poule chaque fois que je circule à l'endroit où j'ai été sauvée par un ange !

L'histoire suivante d'une conseillère en thérapie par les anges, nommée Nan Penn, décrit comment l'archange Michaël peut prendre la forme d'une voix serviable au téléphone :

J'étais allée porter mon auto chez le concessionnaire et j'attendais qu'elle soit prête. Le mécanicien est revenu avec mon véhicule et il l'a immobilisé près de moi, en laissant tourner le moteur. Je suis montée à bord, j'ai embrayé et j'ai repris la route vers Scottsdale – un trajet d'environ une heure, en plein trafic. Avant de rentrer à la maison, je me suis arrêtée au supermarché. En éteignant le moteur, j'ai soudainement constaté à mon grand désarroi que les clés de ma maison, de même que le porte-clés, avaient disparu. Seule la clé de l'auto se trouvait dans le contact.

J'ai regardé partout pour trouver mes clés – dans la boîte à gants, dans tous les coins et recoins du siège avant et même entre les coussins – elles n'y étaient pas. Il était plus de 18 h et je savais que l'atelier de carrosserie était fermé. Même si mes clés s'y trouvaient et que je pouvais aller les chercher ce soir-là, cela signifierait un aller-retour de deux heures et j'étais fatiguée et j'avais faim. Par contre, si je n'allais pas récupérer mes clés, je serais obligée de faire venir un serrurier pour pouvoir entrer dans mon appartement.

J'ai demandé aux anges de m'aider et j'ai appelé chez le concessionnaire. La réceptionniste m'a dit que l'atelier de carrosserie était fermé. J'ai demandé à parler à un employé de la salle d'exposition, mais les deux vendeurs m'ont dit qu'ils ne pouvaient pas m'aider et que leur directeur avait déjà quitté les lieux.

À ce moment-là, j'ai commencé à être dans tous mes états ! « N'y a-t-il personne d'autre à qui je peux parler ? » ai-je demandé désespérément. La réceptionniste m'a répondu qu'il y avait peut-être une autre personne qui pourrait m'aider.

Deux secondes plus tard, une voix masculine fort charmante m'a dit : « Ici Michael. Puis-je vous aider ? » Je lui expliqué la situation et il a dit qu'il irait voir dans l'atelier si mes clés s'y trouvaient. En attendant qu'il revienne, j'ai

réalisé quel était son nom et j'ai supplié l'archange Michaël.
« De grâce, aide ton homonyme à trouver mes clés ! »

Peu de temps après, Michael a repris le combiné et m'a
dit : « Vos clés sont dans votre automobile !

— Mais j'ai regardé partout ! ai-je répliqué.

— Vos clés sont dans votre automobile ! s'est-il contenté de
répéter.

— C'est impossible. J'ai regardé dans les moindres inters-
tices lui ai-je dit.

— M'avez-vous bien entendu ?, a-t-il répété d'une voix
plus forte. Vos clés sont dans votre automobile ! » J'ai baissé
les yeux sur mon sac à main et je l'ai déplacé. Mes clés
étaient là ! S'étaient-elles trouvées sur le siège pendant tout
ce temps sans que je les vois, malgré ma recherche inten-
sive ? Où avaient-elles été transportées par magie dans mon
automobile ?

Tout ce que je sais, c'est qu'un miracle s'était produit et
que j'ai pu entrer chez moi sans devoir retourner chez le
concessionnaire ou appeler un serrurier. J'ai remercié sin-
cèrement l'archange Michaël ainsi que Dieu pour avoir
répondu à mes prières — et aussi pour m'avoir rappelé de
toujours détacher les clés de ma maison et de les déposer
dans mon sac à main avant de laisser mon automobile au
service d'entretien. Ce jour-là, les anges m'ont donné une
leçon avec, tout de même, une fin heureuse !

De leur poste d'observation céleste, les anges peuvent voir
où se trouvent les objets que nous avons égarés et l'archange
Michaël a veillé à ce que l'appel de Nan lui soit transféré afin
qu'il puisse l'aider à retrouver ses clés dans son automobile.

Son histoire nous rappelle que quelqu'un veille sur nous en tout temps.

De toute évidence, l'archange Michaël aide de nombreuses personnes à vivre plus sainement et en sécurité grâce à son intervention divine. Je prie sincèrement que vous vous souveniez de ce fait si jamais vous vous retrouvez dans une situation angoissante et que vous n'oubliez pas – comme dans ces histoires – de demander l'aide de l'archange Michaël.

Dans le prochain chapitre, nous allons découvrir de quelle autre façon Michaël nous aide à nous libérer de nos tensions : en réparant nos appareils électriques et mécaniques. Cette sous-spécialité peu connue de l'archange a profité à bon nombre d'individus, comme vous pourrez le constater dans les histoires suivantes.

ॐ ॐ ॐ

CHAPITRE VI

MONSIEUR RÉPARE TOUT

L'ARCHANGE MICHAËL est vénéré pour sa puissance, son courage et la protection qu'il offre. Mais beaucoup de gens ont également découvert une sous-spécialité peu connue de Michaël : son incroyable habileté à réparer tout ce qui est électrique ou mécanique. Cette forme moderne d'aide céleste est peut-être attribuable à la nouvelle ère technologique dans laquelle nous vivons. N'empêche, j'ai sans doute reçu plus d'histoires dans lesquelles Michaël avait résolu des problèmes mécaniques que tout autre type d'histoire d'anges !

L'ARCHANGE MÉCANICIEN

À moins de craindre que la mécanique automobile constitue une perte de temps futile pour l'archange Michaël ou qu'elle soit indigne de lui, les histoires suivantes illustrent de quelle façon de pareilles interventions ont entre autres sauvé des vies et ramener la paix. Les réparations effectuées par Michaël font de toute évidence partie de sa mission générale de nous protéger de la peur – le fait qu'il agisse si rapidement et efficacement vient en prime, comme vous pourrez le lire ci-après.

Comme notre monde dépend de ce mode de transport, Michaël effectue beaucoup de réparations automobiles. En tant qu'ange illimité, il peut aider simultanément un nombre infini de personnes en réparant leur automobile. Alors inutile de craindre qu'il n'arrivera pas à tout faire. Une réparation n'empêche pas l'autre. Il répond avec joie à tous les appels à l'aide, souvent avec son sens de l'humour typique, comme Jenny Bryans l'a découvert le jour où son automobile est tombée en panne :

Une des bornes de la batterie de ma Honda Accord 1999 était oxydée, alors il était fréquent que le moteur cale ou refuse de démarrer. Un jour que j'allais faire des courses, ma batterie s'est soudainement complètement déchargée.

Je me suis rangée au bord de la rue près de chez moi et j'ai soulevé le capot. J'habite dans une petite ville et, habituellement, quand quelqu'un est immobilisé au bord de la route, tout le monde s'arrête. Ce jour-là, par contre, personne ne s'est arrêté. Plusieurs véhicules sont passés près de moi et aucun des conducteurs n'a semblé me voir. J'ai essayé d'appeler des gens qui pourraient m'aider, mais je n'ai joint personne.

Heureusement, l'incident s'est produit devant une église, alors je suis allée demander de l'aide au presbytère. Mais les portes étaient verrouillées et il n'y avait personne. Je suis donc allée voir dans l'église, car j'avais vu des gens en sortir et il y avait plusieurs automobiles dans le parking. Je me suis dit qu'il y aurait sûrement quelqu'un qui pourrait recharger ma batterie. Mais il n'y avait pas une âme en vue.

Je suis sortie dehors sous la pluie et je me suis dit qu'il fallait que je trouve une autre solution. Quelques semaines plus tôt, j'avais assisté à un atelier de Doreen, à Toronto. Elle nous avait enseigné que l'archange Michaël était aussi connu sous le nom de « Monsieur répare tout ».

J'ai donc fait appel à lui pour qu'il répare pour de bon ma batterie. J'ai pris une profonde inspiration et je suis retournée à mon auto. Quelque chose m'a dit de monter à bord et d'envoyer de l'énergie au moteur. C'est donc ce que j'ai fait et j'ai alors vu Michaël dans mon esprit qui était penché au-dessus du moteur. Il avait même l'air de porter une salopette pendant qu'il réalisait son miracle ! Au bout de quelques minutes, quelque chose m'a dit de démarrer. Le moteur s'est mis en marche sans aucune difficulté.

J'ai remercié abondamment Michaël et je suis partie faire mes courses. J'ai jeté un coup d'œil à l'enseigne de l'église. Je n'y avais pas vraiment prêté attention avant. Il était écrit : St. Michael's. J'ai souri face au phénomène de synchronicité qui avait fait en sorte que je m'étais arrêtée devant une église portant ce nom. Puis, j'ai poursuivi ma route.

Ma batterie ne m'a plus causé d'ennuis depuis ce jour. Maintenant, chaque fois que j'ai un problème mécanique, je demande à l'archange Michaël de le réparer. Il est plus compétent et coûte beaucoup moins cher que n'importe quel mécanicien ou technicien.

J'aime l'idée que l'archange Michaël ait guidé Jenny devant une église qui porte son nom ! Il n'essaie pas de dissimuler le fait qu'il nous aide, parce qu'une partie de son travail de guérison consiste justement à nous laisser savoir que nous ne sommes pas seuls. Quand nous vivons une expérience profonde avec Michaël, il est impossible de douter de sa réalité et de sa puissance. Le rôle des archanges est d'apporter la paix céleste sur la terre de toutes les manières nécessaires. Parfois, cela signifie recharger la batterie de l'auto d'une personne, comme se le rappelle une femme nommée Monica :

> *Un lundi matin, je devais me rendre à plusieurs rendez-vous. Mais quand je suis montée à bord de mon automobile, le moteur a refusé de démarrer – la batterie était à plat ! J'ai donc fermé les yeux et j'ai supplié l'archange Michaël de m'aider. Dès que j'ai remis la clé dans le contact – vroum ! –, l'auto a aussitôt démarré !*

L'archange Michaël est toujours là pour aider quand l'automobile d'une personne refuse de démarrer, surtout quand c'est une question de sécurité, comme dans le cas de Helen Demetriou et de son fils :

> *Un soir d'hiver, je rentrais à la maison sur l'île de Chypre, après être allée chercher mon fils à la maternelle. Il s'est mis à*

tomber des cordes et les rues ont été inondées en moins de dix minutes. Je ne pouvais même pas voir la route à travers la pluie et il n'y avait nulle part où s'arrêter, alors j'ai continué de rouler. J'ai commencé à avoir peur et j'ai demandé à l'archange Michaël de nous aider, mon fils et moi, à arriver sains et saufs à la maison. J'ai senti sa présence dans l'auto et cela m'a rassurée.

J'avais peur, mais comme je voyais que mon fils était lui aussi inquiet, j'ai essayé de maîtriser ma frayeur. En approchant de notre maison, il y avait une dénivellation sur la route et le creux que j'ai dû franchir était inondé par la pluie. J'ai alors senti mes pneus cesser d'adhérer à la chaussée et mon auto s'est mise à déraper. Les autres véhicules près de moi ont fait de même et j'ai craint un carambolage.

J'étais cependant bien déterminée à rentrer saine et sauve et je savais que les anges allaient m'aider. Alors, j'ai appelé d'un ton autoritaire : « Archange Michaël ! De grâce, aide-moi maintenant ! Fais en sorte que mon fils et moi rentrions en toute sécurité à la maison – maintenant ! »

Mes pneus ont aussitôt adhéré à la chaussée, mais mon moteur a calé. J'ai donc fait de nouveau appel à l'archange : « Archange Michaël ! De grâce, fais démarrer mon moteur, maintenant ! » Et il a démarré ! Puis, j'ai eu la sensation que quelqu'un poussait mon auto et la sortait du creux pour la propulser en haut de la pente. Le moteur a encore calé, mais nous étions suffisamment près de la maison pour que mon époux vienne nous chercher. En sortant de mon auto pour monter à bord de la sienne, j'ai remercié Michaël et les autres anges. C'est à ce moment-là que j'ai aperçu une poignée de plumes flotter près de la route !

Michaël avait laissé une carte de visite – dans ce cas-ci, des plumes – afin que Helen sache qu'il lui était venu en aide. Après avoir entendu des milliers d'histoires semblables, deux choses sont évidentes pour moi :

1. Les anges veulent nous aider à vivre en sécurité, dans la joie et dans la paix.

1. Les anges veulent que nous sachions qu'ils sont près de nous.

Contrairement aux superhéros fictifs qui cachent leur identité, Michaël semble tout faire pour nous dire : « C'est moi qui vous ai sauvé. » Cela fait partie du plan de Dieu de nous rassurer qu'il veille sur nous et nous offre son amour inconditionnel et éternel. Les vieilles croyances selon lesquelles nous devons vivre et souffrir en solitaire sont ce qu'elles sont : vieilles. Aujourd'hui, nous savons que la vie est un processus de co-création avec le Divin, car nous faisons partie du Divin. Tout comme les parents souhaitent le meilleur pour leurs enfants, notre Créateur veut ce qu'il y a de mieux pour nous.

Les anges m'ont dit que leur principal objectif est d'apporter la paix sur la terre, une personne à la fois. Ils le font en réduisant le stress, la colère et la peur. Ils m'ont informée que ce ne sont pas les grands événements de la vie qui causent un stress démoralisant, mais les centaines de petits problèmes irritants qui s'accumulent et nuisent à notre paix intérieure, comme Holly Braschwitz l'a découvert :

Mon amoureux et moi avions quitté la Californie pour rentrer chez moi, à Cleveland. Il devait en effet emménager avec mon jeune garçon et moi.

Au début de notre long parcours à travers le pays, nous avons constaté que les feux arrière de la remorque U-Haul que nous avions louée fonctionnaient par intermittence. Nous devions nous ranger sur le côté de l'autoroute et éteindre et redémarrer le moteur à plusieurs reprises avant que les feux se rallument. Chaque fois que nous roulions sur une bosse, nous devions répéter le processus.

Trois heures se sont ainsi écoulées avant que je me souvienne de demander l'aide des anges. « Archange Michaël, protège-nous durant notre trajet et fais en sorte que les feux demeurent allumés », ai-je finalement supplié. Ils ne se sont pas éteints du reste de la nuit. Le lendemain, j'ai encore demandé à Michaël de maintenir les feux arrière allumés — et c'est ce qu'il a fait !

C'est donc en réparant les automobiles que Michaël nous protège ainsi que les autres conducteurs. L'amour universel de l'archange nous aide à éviter les dangers. Michaël nous aide aussi à nous libérer du stress lié aux sommes dépensées pour faire réparer ou acheter une automobile, comme une femme nommée Jennene en a fait l'expérience :

L'été dernier, notre automobile a commencé à nous causer des soucis. Elle donnait des secousses et passait d'une vitesse à l'autre de manière étrange et inconstante. Mon père, qui est un mécanicien professionnel, a confirmé que la transmission était en cause. Cela nous a vraiment contrariés, c'est le moins qu'on puisse dire, car nous n'avions pas d'argent pour la faire réparer ou pour acheter une autre automobile. Nous étions dans la dèche et nous ne savions pas quoi faire.

C'est alors que je me suis rappelée que Doreen avait dit que l'archange Michaël répare tout ce qui est mécanique. Comme j'ai la foi, je lui ai demandé de nous aider et de réparer notre véhicule.

Celui-ci s'est mis à bien fonctionner presque aussitôt. J'étais certaine que c'était grâce à l'intervention de l'archange Michaël. Mon mari, cependant, voulait s'assurer de son bon état, alors il s'est rendu au garage à deux reprises. Les deux fois, les mécaniciens ont dit que la transmission fonctionnait bien et qu'ils n'avaient rien trouvé d'autre qui nécessitait des réparations.

J'ai donc dit à mon mari que c'était l'archange Michaël qui avait réparé notre véhicule. Il n'avait aucune autre explication, étant donné que tout fonctionnait bien. Et il est maintenant beaucoup plus croyant !

L'intervention de Michaël a fait grandir la foi du mari de Jennene. Voilà une des raisons pour lesquelles il nous aide de manière aussi visible et pratique. L'histoire de Desiree Heinen illustre aussi l'effet de guérison spirituelle que peut produire l'intervention de l'archange. Après avoir reçu l'assistance automobile de Michaël, Desiree a vu sa foi en Dieu et en les anges décupler :

C'était le jour de l'An 2005, il était 3 h du matin et j'étais au volant de mon auto. Je me trouvais à environ deux heures de route de chez moi et j'essayais de me libérer du chagrin que j'avais éprouvé en 2004. Je voulais guérir mon cœur afin de ne pas conserver en moi les éléments négatifs de l'année précédente. Tout en conduisant, je pleurais et j'étais fâchée contre moi, contre l'univers et même contre Dieu et l'archange Michaël ! Je me sentais abandonnée.

J'étais également fatiguée de voir constamment allumé le témoin d'anomalie sur le tableau de bord, malgré toutes mes visites chez le concessionnaire. J'avais appris à vivre avec la lumière ambrée qui se moquait de moi, mais, ce soir-là, je me suis vraiment mise en colère !

Donc, pendant que je conduisais et que je laissais libre cours à ma frustration, en ce matin du nouvel An, j'ai jeté un coup d'œil au témoin lumineux et je me suis emportée. Je me rappelle avoir crié de toutes mes forces : « Michaël, si tu es si puissant, pourquoi n'éteins-tu pas le témoin d'anomalie ? »

Après, j'ai eu honte. Je roulais sur une autoroute déserte et j'étais dégoûtée de moi-même. Puis, j'ai vu la lune comme je ne l'avais jamais vue avant… elle était d'une beauté à couper le souffle.

En me concentrant de nouveau sur la route, j'ai éprouvé un sentiment de paix incroyable. J'ai jeté un coup d'œil au témoin d'anomalie et il était éteint ! Cela faisait un an que cette lumière agaçante clignotait sur mon tableau de bord et, maintenant, elle était éteinte. J'étais sous le choc, alors je me suis rangée sur le côté et je suis demeurée assise à fixer le tableau de bord, sachant que le témoin allait se rallumer d'une minute à l'autre. Mais non. Je me suis mise à sangloter et, entre les larmes et les rires, j'ai remercié Michaël. Je lui ai demandé de me pardonner de m'être adressée à lui de manière aussi brusque et je lui ai dit qu'il était génial !

Ma vie a changé à partir de ce moment. L'année 2005 a représenté pour moi une période incroyable de croissance. J'ai résolu chacun de mes problèmes en étant guidée par Dieu et les anges. Avec l'aide de Michaël, je me suis libérée de ma façon négative de penser et de réagir face à la vie. Maintenant, Dieu m'habite vraiment. Chaque jour, je remercie le ciel et mes anges pour tout ce qui m'est offert. Et Michaël ne me quitte plus jamais.

LES RÉPARATIONS ÉLECTRONIQUES

Dieu et les anges sont des êtres illimités. Ils peuvent donc aider chaque individu simultanément. Je le mentionne parce qu'il arrive que des gens comprennent mal le sujet que je vais aborder. Ils affirment qu'il est mal de demander aux anges de se plier à nos demandes parce qu'ils ont des choses beaucoup plus importantes à faire. Ce sont ces mêmes gens qui croient que notre Créateur veut que nous souffrions. Et pourtant, quand j'interroge Dieu et les anges à ce sujet, j'entends toujours des confirmations de leur amour illimité et de leur disponibilité. Ils veulent que nous vivions en paix et heureux, tout comme tout parent aimant le souhaite pour ses enfants.

Alors quand nous demandons à l'archange Michaël de réparer un appareil ménager ou électronique, cela fait partie du plan de paix de Dieu. Vous savez à quel point cela vous affecte (ainsi que les gens qui vous entourent) quand vous vous énervez parce qu'un appareil ne fonctionne pas.

Le monde ne serait-il pas plus paisible si ce genre de stress était réduit ou éliminé ? Voilà pourquoi Michaël aime tant nous aider à vivre dans l'harmonie... y compris dans notre rapport avec les appareils électroniques, qui occupent maintenant une grande part de notre quotidien.

Dans les deux histoires suivantes, l'archange Michaël a « ressuscité » deux appareils électroniques qui avait été plongés dans l'eau. Si vous avez déjà eu entre les mains un gadget complètement mouillé, vous savez que cela signifie habituellement que vous pouvez lui dire adieu... Sauf si vous avez demandé l'aide de l'archange Michaël, comme l'a fait LeAnn Harmon :

Ma situation financière était précaire, alors quand j'ai accidentellement laissé tomber mon téléphone portable dans une tasse d'eau, j'ai grincé des dents et demandé aussitôt : « Archange Michaël, de grâce, répare mon téléphone. Je n'ai pas les moyens d'en acheter un nouveau. Je serais si reconnaissante si tu m'accordais cette faveur. »

J'ai voulu essayer mon appareil, mais il a refusé de se mettre en fonction, alors j'ai appelé l'entreprise de télécommunications mobiles. Quand j'ai demandé au préposé si mon téléphone fonctionnerait de nouveau, il a éclaté de rire et m'a plutôt fait une très bonne offre pour un nouvel appareil. Mais j'avais vraiment besoin que le mien fonctionne, parce que je ne voulais pas perdre tous les numéros que j'y avais inscrits.

Mon intuition m'a dicté de brancher mon téléphone afin de le recharger comme je le fais tous les soirs. Le lendemain, je me suis réveillée et mon appareil fonctionnait à merveille !

Cela fait six semaines et il fonctionne toujours ! Je sais que je le dois à l'archange Michaël – de même que tout ce qui a tourné en ma faveur ce jour-là !

Tout comme dans le cas de LeAnn, l'histoire suivante illustre la façon dont Michaël a réparé un gadget électronique tombé à l'eau. Le jour où le fils d'Ana Cristina Brazeta a sauté dans la piscine avec son iPod, tout le monde a cru que l'appareil ne fonctionnerait plus – tout le monde, sauf Ana, qui avait foi en l'archange Michaël. Cette histoire est un autre exemple de l'aide apportée par l'archange en réponse aux émotions éprouvées par les personnes concernées et non à leurs désirs matériels :

Pedro, mon fils de 15 ans, a plongé dans notre piscine avec son nouvel iPod dans sa poche. Bien entendu, l'eau s'est infiltrée dans l'appareil et celui-ci a cessé de fonctionner. L'écran était recouvert de condensation et Pedro a essayé d'évacuer l'eau avec un sèche-cheveux. Mais il n'y avait rien d'autre à faire, parce qu'il était impossible d'ouvrir le lecteur de musique pour faire sécher l'intérieur.

J'ai rappelé à Pedro que l'archange Michaël est un excellent réparateur d'appareils électriques. Je lui ai également parlé d'une des histoires de Doreen dans laquelle Michaël avait nettoyé les virus contenus dans l'ordinateur d'un couple et l'avait ainsi réparé. Je lui ai expliqué à quel point l'archange souhaite nous aider, en autant que nous fassions appel à lui et ayons confiance qu'il répondra à notre demande. Je lui ai dit : « Pour Michaël, rien n'est impos-

sible. » J'ai donc suggéré à Pedro de demander à l'archange de réparer son iPod.

Pedro est monté dans sa chambre et j'ai moi aussi demandé à Michaël d'aider mon fils et d'exaucer sa prière de réparer son appareil mouillé. Quand Pedro est redescendu une heure plus tard, il m'a montré son iPod d'un air souriant et insouciant : il fonctionnait à merveille, comme avant l'incident et il n'y avait plus aucune trace d'humidité sur l'écran. Il avait l'air neuf ! J'ai demandé à Pedro s'il avait fait appel à l'archange Michaël et il a répondu en hochant la tête.

Jusqu'à ce jour, le iPod de mon fils est en parfait état et je suis confiante qu'il va continuer de fonctionner. Pedro croit maintenant au pouvoir du royaume des anges et ne me jette plus un regard sceptique quand je parle de ces derniers, comme il en avait l'habitude avant l'incident. Nous avons tous les deux remercié Michaël pour son intervention divine et nous aimons raconter cette histoire avec les membres de notre famille et nos amis.

Tout comme Ana, Belinda Morby a demandé à l'archange Michaël d'aider son fils. Notez comment l'intervention de Michaël a permis à la fois de Belinda de grandir, un résultat sacré de l'aide de l'archange :

Joe, mon fils de 10 ans, était contrarié parce que tous ses gadgets électroniques semblaient avoir cessé de fonctionner en même temps. Un bouton du téléviseur dans sa chambre était brisé et son film préféré était coincé dans le lecteur DVD. Il

avait essayé d'écouter un autre DVD dans son ordinateur,
mais celui-ci avait également cessé de fonctionner !

Joe était donc très mécontent, alors je suis allée dans
ma chambre et j'ai demandé à l'archange Michaël de bien
vouloir réparer l'ordinateur. Le lendemain matin, il fonc-
tionnait à merveille ! Encouragée par ce succès, j'ai demandé
à Michaël de réparer également le téléviseur. J'avoue que
j'avais des doutes parce que le bouton était brisé. Mais mon
scepticisme n'a pas dissuadé l'archange, car le téléviseur s'est
remis en marche !

J'ai dit à Michaël : « Merci… mille mercis ! » Pas seu-
lement pour avoir réparé l'ordinateur et le téléviseur, mais
aussi pour avoir décuplé ma foi !

Si vous avez déjà eu entre les mains un ordinateur très
lent, vous comprendrez alors la frustration de Kathleen
Buchana dans l'histoire suivante :

Mon ordinateur commence à vieillir et il lui arrive de
fonctionner au ralenti ou de figer, alors je demande tou-
jours à l'archange Michaël de m'aider et je réponds ensuite :
« Merci, merci, merci, Michaël ! » Et mon ordinateur conti-
nue toujours de fonctionner !

Ayant moi-même fait souvent appel à Michaël pour
mon ordinateur, je comprends parfaitement l'histoire de
Kathleen, de même que celle d'Armida Miranda :

Je travaille à la maison et, un jour, au moment où je
me suis branchée pour vérifier mes courriels, l'écran de mon

ordinateur s'est mis à faire des siennes. J'ai éteint l'ordinateur et je l'ai rallumé, mais toujours rien. J'ai recommencé à quelques reprises, puis j'ai lancé tous les antivirus et les logiciels anti-espions. J'ai essayé tout ce qui me venait à l'esprit. L'écran était bariolé de bandes noires et bleues. Je ne savais pas quoi faire d'autre.

J'ai laissé un message dans la boîte vocale d'un ami qui s'y connaît en informatique. J'ai également appelé à plusieurs reprises chez Dell pour obtenir du soutien technique, mais on me mettait chaque fois en attente, puis la ligne coupait.

J'avais beau avoir tout essayé, rien ne fonctionnait. J'avais cependant oublié la chose la plus importante : demander à mes anges de m'aider. J'ai finalement éteint l'ordinateur, je suis allée dans une autre pièce et j'ai fait appel à l'archange Michaël. Je lui ai demandé de faire tout ce qui était en son pouvoir pour réparer mon ordinateur. Après ma prière, je me sentais heureuse, car je savais que Michaël allait m'aider.

Le matin suivant, j'ai allumé mon ordinateur comme je le faisais habituellement et... devinez... il a fonctionné comme d'habitude ! L'archange Michaël était près de moi et il m'a laissé savoir que je n'avais qu'à demander. C'est tellement vrai et tellement merveilleux – j'adore et j'apprécie tellement son aide !

Michaël est disponible peu importe où nous sommes dans le monde, comme l'histoire suivante d'une femme nommée Shanttelle nous le rappelle. Elle décrit comment l'archange a sauvé ses vacances en réparant son appareil photo :

J'étais allée passer la journée à Sydney et je devais rentrer le lendemain à Perth pour retourner au travail. J'avais très hâte de visiter les lieux et de prendre des photos pour plus tard les montrer à ma famille et à mes amis.

Je suis donc montée à bord du monorail de Sydney et j'ai décidé de prendre quelques photos de cette vue du haut des airs. J'ai voulu mettre en marche mon appareil, mais il ne s'est pas allumé ! J'ai attendu et j'ai essayé de nouveau… mais rien. Je venais pourtant de changer les piles, alors je suis demeurée assise, perplexe.

Je n'avais qu'une seule solution en tête : faire appel à l'archange Michaël et lui demander de réparer mon appareil afin que je puisse prendre autant de photos que je le désirais ce jour-là. J'ai essayé encore une fois de l'allumer et, cette fois-ci, il a fonctionné ! J'ai pu prendre une quantité de photos, entre autres du magnifique jardin chinois. Merci, archange Michaël !

Bien que certaines personnes puissent trouver futile de faire appel aux anges pour des appareils électriques, chaque histoire révèle comment l'intervention de Michaël est susceptible d'apporter la paix et d'éliminer le stress. Dans l'histoire suivante d'un diplômé nommé Asfiya Habib, un cours universitaire a pu être transmis grâce aux talents de réparateur de Michaël :

Pour faire mon doctorat en pharmacie, je suis inscrit à une école dont les cours magistraux sont offerts en direct par des professeurs qui se trouvent dans une autre université. Les cours sont donc transmis à distance par voie téléphonique à sept universités de la Floride.

Un soir, l'université a éprouvé des difficultés techniques et a essayé de régler le problème afin de rétablir la communication. Mais au bout de 30 minutes, j'ai commencé à craindre que j'avais fait ce trajet de 75 minutes pour rien.

J'ai donc demandé à l'archange Michaël : « De grâce, fais en sorte que cette soirée ne soit pas perdue. Aide les techniciens à nous relier tous à l'université. »

Moins de cinq minutes plus tard, nous étions tous branchés et avions accès à tous les sites ! Je suis certain que c'était grâce à l'intervention de l'archange Michaël, car trop peu de temps s'était écoulé après ma prière.

Même si l'histoire de Kevin Stewart peut sembler futile à certains, je crois qu'il s'agit d'un charmant exemple de la façon dont l'archange Michaël s'efforce de nous libérer du stress quotidien :

Un soir, j'ai voulu regarder un DVD quand l'image s'est figée et l'appareil s'est mis à faire des siennes. Je réussissais à éjecter le DVD ou à lancer le film en appuyant sur la touche de lecture, mais l'appareil finissait toujours par rester bloqué. Plus j'essayais de lancer le DVD, plus le problème s'aggravait. Ma partenaire a essayé elle aussi de faire fonctionner l'appareil. Je me suis finalement rappelé que Doreen avait mentionné que l'archange Michaël était mécanicien, alors je lui ai demandé de bien vouloir réparer cet appareil. C'est ce qu'il a fait : mon lecteur DVD s'est aussitôt remis à fonctionner comme s'il n'y avait jamais eu de problème. Et il n'a jamais cessé de fonctionner depuis.

J'adore l'histoire de Kevin, car elle démontre que peu importe la technologie, les anges ont toujours une longueur d'avance sur nous.

LES RÉPARATIONS DANS LA MAISON

Notre maison nous procure bien plus qu'un abri. Elle nous sert de refuge contre les sources extérieures de stress… sauf quand le stress vient de l'intérieur, par exemple quand la plomberie, l'électricité ou le chauffage sont défectueux. Il faut alors appeler un spécialiste et il n'y a en pas de meilleur que l'archange Michaël.

Pour les gens ouverts d'esprit, il est amusant d'imaginer Michaël vêtu de sa casquette et de son uniforme qui arrive chez vous dans une camionnette céleste avec sa trousse à outils célestes. De toute évidence, c'est par amour qu'il répare ce qui se brise dans notre maison. Il nous fait don de son aide et sa récompense sont la paix, la joie et le bonheur que nous éprouvons. (Bien entendu, un mot de remerciement ne fait jamais de tort !)

Quand Cory Silvestri et son mari ont demandé à l'archange Michaël de les aider pour leur plomberie, les résultats ont été instantanés :

J'étais en train d'écouter une des émissions de Doreen, dans les archives de Hay House Radio, dans laquelle elle mentionnait que l'archange Michaël pouvait réparer diverses choses, y compris les ordinateurs et la plomberie. Eh bien ! cela faisait presque une semaine que mon mari essayait de réparer la plomberie de la salle de bains principale. Les frustrations s'accumulaient et je sentais bien qu'il devenait de plus en plus irrité.

J'ai donc demandé à Michaël d'aider Jimmy à régler le dernier problème – le lavabo de gauche. Moins d'une demi-heure plus tard, mon mari m'a annoncé : « C'est réparé ! » J'ai ri tout bas et je l'ai félicité pour son beau travail.

Cependant, il est revenu quelques minutes plus tard dans la chambre, complètement consterné, pour me dire : « C'est maintenant le lavabo de droite qui coule. » J'ai réfléchi et je me suis rappelé que j'avais été très précise quand j'ai demandé à Michaël de réparer le lavabo de gauche. Je lui ai donc demandé de réparer celui de droite.

Mon mari était trop épuisé pour effectuer les réparations ce soir-là. Mais quand il est allé vérifier le lendemain, il a constaté qu'il n'y avait plus de fuite ! Jimmy m'a demandé si c'était moi qui l'avais réparé. Je lui ai répondu : « Pas vraiment. » Puis, je lui ai expliqué que c'était l'archange Michaël qui avait réparé les deux lavabos.

La beauté de la chose est que mon mari et moi avons été témoins de l'intervention de l'archange Michaël.

L'une des motivations de Michaël en aidant Cory était peut-être de les rapprocher par l'entremise de cette expérience avec les anges. Une telle intervention divine ne peut que transformer positivement une vie. Alors, il doit être particulièrement sain pour un couple de connaître cette expérience à deux, car leur croissance spirituelle reposerait ainsi sur le fait de croire aux miracles.

De même, Michaël a aidé Tracy Griffith à profiter encore un peu plus de ses matins en réparant la veilleuse de son chauffe-eau au gaz :

> *Nous habitons dans une vieille maison et, durant l'hiver, la veilleuse de notre chauffe-eau au gaz s'éteint au bout de 30 minutes. Comme l'appareil est vieux, il est très bruyant quand le brûleur est allumé, alors nous avions l'habitude de l'éteindre avant d'aller nous coucher. C'était par contre très frustrant de devoir le rallumer chaque matin.*
>
> *J'ai finalement réalisé que l'archange Michaël pouvait m'aider ! J'ai donc fait appel à lui à voix haute : « De grâce, aide-moi à allumer la veilleuse et à la maintenir allumée jusqu'à ce que je l'éteigne ce soir. »*
>
> *Depuis, la veilleuse demeure allumée jusqu'à ce que je l'éteigne et quand j'ai de la difficulté à la rallumer, je fais appel à Michaël – et voilà !*

Bien que l'histoire de cette femme nommée Kathy ne soit pas techniquement liée à un problème à la maison, elle a nécessité que Michaël répare une porte. J'ai décidé de l'inclure dans cette section parce qu'elle nous rappelle que l'archange peut nous aider autant à la maison que lors d'un « séjour à l'extérieur » :

> *Mon mari et moi sommes allés en vacances un peu plus tôt cette année. Notre vol de retour n'était prévu que tard le soir, alors nous avons pu nous prélasser au soleil toute la*

journée. Après en avoir bien profité, nous avons décidé de rentrer à l'hôtel pour régler la note et prendre l'autobus pour nous rendre à l'aéroport.

Mais en arrivant, notre carte-clé ne fonctionnait pas ! Nous avons eu beau essayer, nous ne pouvions pas entrer dans notre chambre. Quand le préposé à l'entretien est arrivé, il a dit que ce n'était pas notre clé qui était en cause, mais le lecteur de cartes magnétiques. Il a dit qu'il allait revenir avec ses outils.

Immédiatement après son départ, un autre couple nous a dit que leur serrure avait cassé la veille et que le préposé avait mis trois heures à la réparer ! J'étais à la fois nerveuse et en colère, car nous n'avions plus que 45 minutes pour faire nos bagages, payer la note et prendre l'autobus. Mon mari a vérifié si une des fenêtres ou si la porte coulissante était déverrouillée, mais aucune ne l'était.

Finalement, j'ai fermé les yeux et j'ai demandé à l'archange Michaël de bien vouloir nous aider à ouvrir la porte. J'ai glissé la carte-clé une autre fois, sans succès. Mon mari a essayé de nouveau et j'ai fermé les yeux en suppliant encore une fois l'archange. Rien. À ce moment-là, j'étais envahie d'une foule d'émotions en plus d'être triste, car je me disais que personne n'entendait mon appel à l'aide. Puis, j'ai pensé : Archange Michaël, ouvre cette porte, maintenant !

Sitôt cette pensée terminée, mon mari a ouvert la porte coulissante ! Il avait vérifié de nouveau et le loquet avait glissé et s'était déverrouillé. Il a dit que c'était étrange, mais je savais dans mon cœur que c'était l'archange Michaël qui avait entendu mon appel et était venu à notre rescousse ! Durant le trajet du retour, j'ai éprouvé une sensation merveilleuse dans mon cœur, sachant que les anges étaient avec nous, prêts à nous aider.

ET PUIS IL Y A CES OCCASIONS OÙ...

Il arrive que Michaël ne répare pas une automobile, un télécopieur ou un autre objet, comme nous le lui avons demandé. Dans pareilles occasions, je constate habituellement qu'il le fait pour nous protéger. Par exemple, une femme essaie d'envoyer un courriel incendiaire à un collègue et sa connexion Internet tombe soudainement en panne. Ou un homme en état d'ébriété qui s'apprête à prendre son automobile s'aperçoit que celle-ci refuse de démarrer.

Parfois, l'archange brise volontairement des objets (temporairement, bien sûr) pour nous donner du temps afin que nous agissions par la suite de manière plus sensée et sûre. À d'autres occasions, il retarde ses réparations pour nous protéger, comme Claire Jennings l'a découvert :

> Je vends des livres dans des foires, des festivals et des marchés. Un jour, un festival de livres m'a offert un stand. Mais j'avais peur d'avoir l'air ridicule en vendant des livres neufs à côté d'individus qui vendaient des livres d'occasion, antiques et rares. J'ai donc paniqué et j'ai décidé de ne pas y assister, même si j'avais reçu l'invitation comme par hasard, par synchronicité.
>
> J'ai vite rédigé un courriel disant que je ne pourrais pas participer au festival de livres, mais au milieu de ma phrase, l'ordinateur a figé ! J'ai réussi à redémarrer l'ordinateur et

J'ai continué de taper mon message, mais il a figé de nouveau ! J'ai essayé une troisième fois, avec le même résultat. Cette fois-ci, je ne suis même pas parvenue à éteindre l'ordinateur.

Je me suis mise à pleurer et à crier : « Bon, d'accord, archange Michaël. J'ai compris ! » Je savais qu'il était responsable, puisque c'était lui qui m'avait guidée à vendre des livres à ce festival. Je l'ai donc supplié : « De grâce, répare l'ordinateur parce que j'en ai besoin. » Puis, j'ai quitté la pièce pour aller me calmer.

Je suis revenue quelques minutes plus tard et l'ordinateur fonctionnait. Je n'ai pas eu besoin de le faire redémarrer ou quoi que ce soit d'autre. À côté de celui-ci, il y avait aussi une grosse plume qui ne s'y trouvait pas auparavant – et je savais qu'elle appartenait à l'archange Michaël. J'ai eu beaucoup de plaisir au festival et j'ai vendu pour plus de 1 000 € de livres !

Dans tous les tableaux, Michaël est représenté avec une épée à la main et une bête à ses pieds, comme pour illustrer que l'archange sait vaincre la peur infâme. C'est sans doute quand il doit illuminer le monde d'amour et de paix qu'il brille le plus, en éradiquant les peurs, les phobies et la négativité, comme nous allons l'explorer dans le prochain chapitre.

❦ ❦ ❦

Chapitre VII

Michaël élimine les peurs, les phobies et la négativité

Quand vous avez peur, l'archange Michaël peut vous aider. Il assure votre protection et votre sécurité, vous donne de la confiance et chasse toute source de peur. Car le meilleur antidote à cette émotion négative est d'ordre spirituel, comme vous le lirez dans le présent chapitre.

C'est une bonne idée de faire appel à Michaël quand vous avez peur. Vous pouvez aussi lui demander d'aider vos enfants ou vos proches, comme Maria Beaudoin l'a fait pour son garçon :

Mon bébé de dix mois est la joie et la merveille de ma vie ! Je ne savais pas que la maternité pouvait être aussi extraordinaire. Un matin, un bruit fort venant de l'extérieur l'a réveillé brusquement et il s'est mis à pleurer. Je savais qu'il avait été dérangé, car il dort habituellement très bien et se réveille plus tard.

J'ai demandé aux anges de l'aider à se calmer et à se rendormir, mais il a continué de pleurer. Finalement, j'ai demandé à l'archange Michaël (que j'appelle l'archange solutionneur de problèmes) de l'apaiser. Je venais à peine de terminer ma prière que mon garçon est redevenu silencieux et s'est rendormi sereinement ! Merci Michaël !

Parfois, les peurs nous paralysent au point de devenir une phobie qui dicte notre comportement. Cependant, peu importe la peur ou la phobie, Michaël peut nous soulager, comme Ruth Vejar Ahlorth nous le raconte :

Je m'étais inscrite à un atelier à Los Angeles. C'était la partie facile. La partie difficile était de prendre le volant pour m'y rendre. C'est que, vous savez, j'ai 65 ans et mon mari et ma fille m'avaient toujours reconduite quand je devais aller loin. Pour moi, cela correspondait à tout ce qui se trouvait à plus de 50 kilomètres de chez moi.

Eh bien ni mon mari, ni ma fille ne pouvaient me conduire à cet atelier, alors j'ai pensé annuler. Mais le jour où j'avais prévu de le faire, je suis allée dans une librairie et j'ai pris le livre de Doreen Virtue, Archanges et maîtres ascensionnés. *Je l'ai ouvert à la section traitant de l'ar-*

change Michaël et j'ai lu qu'on pouvait faire appel à lui pour chasser nos peurs. J'ai pensé : Qu'ai-je à perdre ?

L'atelier avait lieu le lendemain. Je suis montée dans mon automobile, le cœur battant, et j'ai démarré. J'ai dit à Michaël : « Bon, d'accord. Nous formons une équipe, maintenant. Je suis terrifiée. De grâce, viens et accompagne-moi à l'atelier. Et chasse ma peur. » J'ai senti la présence de l'archange durant tout le trajet jusqu'à Los Angeles. J'ai roulé en me sentant tout à fait à l'aise et en sécurité. Maintenant, je peux aller presque partout. Quelle liberté !

L'archange Michaël guérit donc les phobies en donnant de la confiance et du courage, de même qu'en assurant une protection et une sécurité réelles. Il élimine les peurs de toutes sortes, comme une femme nommée Barbara l'a découvert :

J'ai toujours eu peur du vent. Alors, chaque fois qu'il ventait fort dehors, je prenais mes couvertures et mes oreillers et je descendais au sous-sol pour me coucher sur le plancher. Je me trouvais ainsi le plus loin possible du vent. Mais j'avais toujours de la difficulté à dormir ces nuits-là.

Tout a changé depuis que ma cousine, qui est conseillère en thérapie par les anges, m'a fait connaître l'archange Michaël. Elle m'a enseigné à faire appel à lui pour qu'il me protège.

Alors le jour où on a annoncé des vents violents à la météo, j'ai fermé les yeux et j'ai demandé à l'archange Michaël de calmer la tempête et de me protéger dans ma maison. Je lui ai aussi demandé de chasser ma peur. Je l'ai remercié pour son aide et le temps qu'il m'accordait et après avoir prié un moment, j'ai mis fin à ma conversation avec lui.

Le temps s'est effectivement dégradé et le vent s'est mis à souffler fort. J'ai donc commencé à voir un peu peur. Cependant, quand je suis allée au lit, j'avais l'impression d'avoir pénétré dans un autre monde — un monde auquel j'avais aspiré, sous la protection du puissant archange Michaël, en personne. Ma chambre semblait isolée du vent. Il sifflait dehors, mais ma chambre était une oasis de tranquillité. Le sentiment de calme était si puissant que je n'ai pu m'empêcher de pleurer et de remercier Michaël pour la protection qu'il m'avait offerte ce soir-là.

Je n'ai plus peur du vent comme avant, mais je respecte les éléments. Je ne tiens pas ma sécurité pour acquise non plus. Quand on annonce des tempêtes, je continue de demander à l'archange Michaël de me protéger et je le remercie à l'avance.

Ceux qui ont fait appel à Michaël disent que leurs peurs et leurs phobies se sont envolées instantanément. Et, comme Alexandra Laura Payne en a fait l'expérience, les peurs anciennes sont souvent remplacées par un calme merveilleux :

J'ai une peur particulièrement irrationnelle mais intense des araignées. Un soir, j'ai fait un rêve troublant et pénétrant dans lequel j'étais pourchassée par une de ces bestioles. Je me suis réveillée brusquement en état de paranoïa. Je croyais qu'il y avait des araignées cachées dans les coins de ma chambre. J'ai mentalement demandé à l'archange

Michaël de m'aider et j'ai aussitôt senti sa présence puissante et apaisante. Je pouvais le sentir me dire qu'il n'y avait rien à craindre et je l'ai même vu m'entourer de sa cape bleu indigo comme si c'était une couverture.

J'avais déjà fait l'expérience des pouvoirs protecteurs de Michaël, mais j'ai été renversée de l'effet instantané qu'il a eu sur moi ! Toutes mes peurs se sont évanouies en une seconde et ont fait place à un sentiment de paix intérieure. J'ai remercié Michaël et je me rappelle avoir vu un sourire réconfortant sur son visage avant de me rendormir paisiblement pour le reste de la nuit.

Il y a bon nombre d'années, j'ai dirigé des séances de psychothérapie au cours desquelles j'ai consacré beaucoup de temps à aider des gens qui avaient la phobie des avions. J'en ai même dirigé une pour le reporter d'un journal télévisé de Nashville. Je le mentionne parce qu'après avoir travaillé avec tant de passagers d'avion nerveux, aux prises avec leur phobie, je compose aujourd'hui différemment avec la situation. Avant, j'avais recours à l'hypnothérapie, mais aujourd'hui, je compte sur le pouvoir guérisseur de Dieu et des anges.

Une femme nommée Cristal Marie a découvert que l'archange Michaël l'avait calmée durant son vol. Notez la façon dont elle reconnaît l'aide de Michaël à l'énergie chaleureuse qu'il transmet :

J'avais très peur de prendre l'avion. À chaque fois, je me mettais à trembler, j'avais la bouche sèche, le visage pâle et je devenais anxieuse.

Je faisais appel aux anges et aux fées pour qu'ils me procurent la paix et le courage d'affronter la situation. Grâce à eux, je parvenais vraiment à me calmer durant le vol, mais chaque fois que l'avion était légèrement secoué, je perdais toute contenance. Je me mettais de nouveau à paniquer et je rejetais l'idée que j'étais aidée et que les anges et les fées existaient vraiment. Je devenais désespérée. J'avais l'impression d'être seule et que si l'avion s'écrasait, personne ne pourrait m'aider. C'était horrible !

Tout a changé, cependant, grâce à l'archange Michaël. Cela s'est produit lors d'un vol entre New York et Saint Domingue au cours duquel il y a eu tellement de turbulence que les agents de bord ont dû s'asseoir — une agent a même éclaté en sanglots ! L'avion a plongé en chute libre à quelques reprises jusqu'à ce que le pilote annonce qu'il serait peut-être obligé d'effectuer un atterrissage d'urgence à Cuba.

Pendant que j'étais là, assise, à songer que j'allais mourir, j'ai demandé à l'archange Michaël de me protéger. Je devais me sentir tellement vulnérable que je l'ai clairement entendu, finalement. Il m'a fait réaliser que ce n'était pas tant que l'avion s'écrase qui me faisait peur ; je craignais surtout de perdre la maîtrise de tous les éléments de ma vie.

Il m'a montré combien j'éprouvais cette même peur par rapport à ma maison, mon travail et mes relations. J'étais devenue cette paranoïaque qui n'avait confiance en personne, pas même en ceux qui, comme je le savais, m'aimaient pourtant. Toutes mes relations souffraient de ma peur de laisser les gens entrer dans ma vie.

J'ai décidé de remédier à la situation sur-le-champ ! La peur contrôlait ma vie depuis trop longtemps. J'ai essayé de remettre la situation entre les mains de Dieu et de l'archange Michaël, mais ma peur de perdre la maîtrise l'a emporté. J'avais beau comprendre mon anxiété, je me sentais prisonnière et incapable de guérir.

Ironiquement, c'est lors d'un autre vol avec des turbulences que je me suis finalement effondrée (pour ainsi dire) au point de pouvoir guérir en faisant preuve d'humilité. L'avion traversait un orage violent qui m'a fait paniquer comme jamais. J'ai enfin eu l'humilité de demander à l'archange Michaël de me libérer de mes peurs.

En moins de deux secondes, je me suis soudainement sentie calme. L'avion continuait d'être secoué, mais je n'éprouvais aucune peur. Je me suis même sentie ridicule d'avoir paniqué !

À l'atterrissage, le pilote a déclaré qu'il était surpris que tout se soit déroulé aussi paisiblement, car la situation aurait pu être beaucoup plus grave. Mais les turbulences ont duré moitié moins de temps que ce qui avait été estimé. Le brouillard épais qui recouvrait l'aéroport a semblé se lever au moment de notre atterrissage, puis, dès que nous avons touché le sol, il a de nouveau recouvert la ville au point que les vols ont dû être annulés ce jour-là.

Je sais que l'archange Michaël était présent parce que je m'étais sentie enveloppée d'une immense chaleur. C'est cette chaleur qui m'avait donné du courage, m'avait fait rire et aidée à me sentir plus forte. J'ai bien cru en un miracle.

Encore aujourd'hui, je suis un peu nerveuse quand je prends l'avion, mais j'ai réalisé que c'est surtout parce que je me souviens de ma peur. Grâce à l'archange Michaël, je n'ai plus jamais paniqué. Il a non seulement éliminé mes peurs *et facilité ce qui aurait été le vol le plus traumatisant de ma vie, mais il m'a aussi guérie de ma rancœur. Il a chassé mon refus de pardonner.*

Depuis, tout va pour le mieux. Ma vie est complètement différente et je possède des tas de nouveaux amis en plus des anciens que j'ai réussi à conserver. J'ai un nouvel emploi qui ne cesse de s'améliorer et, ironiquement, mon travail repose entièrement sur ma capacité à faire confiance à mes supérieurs.

Je pourrais raconter d'autres anecdotes à propos des choses qui se sont améliorées dans ma vie et des nombreuses fois où j'ai demandé à l'archange Michaël de rétablir une situation, avec des résultats miraculeux, mais je crois que l'histoire que je viens de raconter est sans doute une des plus importantes, sinon la plus importante.

Parfois, la peur et l'anxiété deviennent si extrêmes qu'elles entraînent des symptômes physiques, comme le souffle court et l'accélération du rythme cardiaque. Michaël peut également guérir cet état, appelé crise de panique, comme Jane Turner le raconte :

J'ai eu ma première crise de panique grave il y a cinq ans, chez mes parents, après une tournée dans les boutiques. Je me suis littéralement effondrée sur le plancher, incapable de bouger. Mes deux jeunes filles étaient terrifiées. Ma mère a vite appelé l'ambulance et j'ai passé plusieurs heures à l'hôpital. Le personnel médical m'a expliqué en détail ce que sont les crises de panique et la façon de les éviter.

Deux semaines plus tard, je devais me rendre chez mes parents. Avant de partir, j'ai demandé mentalement à l'archange Michaël de m'accompagner durant le trajet de 100 kilomètres, car j'avais lu que l'un de ses rôles était de donner de la force et du courage.

À mi-parcours, environ, le sentiment de panique que je craignais tant a refait surface. J'ai mis de la musique et j'ai commencé à chanter à pleins poumons, mais je sentais tout de même que je m'enfonçais dans la terreur qui m'envahissait. En larmes, j'ai crié : « Michaël, aide-moi s'il te plaît ! »

Au bout de seulement quelques secondes, je me suis sentie plus calme et j'ai même éclaté de rire en imaginant cet archange puissant – muni d'une épée et d'un bouclier – en train de se balader, debout sur le toit de mon auto, les cheveux au vent ! Il y est demeuré durant tout le trajet et j'ai chanté avec lui et tous les anges qui m'entouraient. Je me sentais si merveilleusement calme et heureuse avec cet entourage.

Heureusement, il m'arrive rarement d'avoir des crises de panique maintenant, mais je demande toujours à Michaël de m'accompagner lors de longs parcours… et je sais qu'il le fait !

ASPIRER LA PEUR

Un jour, en 1995, pendant que je priais, méditais et parlais à l'archange Michaël, j'ai eu une vision de lui. Il était muni d'un aspirateur portable. Il a posé l'embout au-dessus de mon crâne et a aspiré la peur toxique de mon

corps. On aurait dit une liposuccion, mais en version spirituelle. Mon corps a frissonné pendant que l'archange retirait
l'énergie négative que j'avais absorbée de mes propres pensées
et de celles des autres. Après, je me suis sentie beaucoup plus
légère, libre et heureuse.

Je me suis alors mise à demander à Michaël d'« aspirer » mes clients et, en 1996, j'ai commencé à enseigner ses
méthodes d'aspiration.

Depuis, j'ai découvert que cette forme de nettoyage de
Michaël est un antidote rapide et efficace contre les influences
négatives et malsaines. Cette technique fonctionne extrêmement bien avec les adolescents, notamment pour calmer
ceux qui ont des comportements agressifs.

Gladys E. Alicea a découvert cette méthode d'aspiration
par l'entremise d'une conseillère en thérapie par les anges,
un programme que j'enseigne :

J'avais beaucoup de peurs et de phobies, alors je suis
allée consulter une conseillère en thérapie par les anges qui
m'a parlé de l'archange Michaël. À ce moment-là, j'avais
peur de tout et j'étais sous l'emprise de mes phobies. J'avais
particulièrement peur du noir, de la nuit, et je craignais
constamment que quelque chose m'arrive physiquement.
J'ignore d'où venait cette idée, étant donné qu'il ne m'était
jamais rien arrivé qui aurait pu déclencher ces phobies.
J'avais également peur qu'à force de m'inquiéter, j'attirerais
et provoquerais une terrible tragédie.

Par contre, j'avais cet immense désir d'aider à guérir le
monde, mais je me sentais constamment bloquée. J'étais

donc très désemparée et troublée quand je suis allée consulter la conseillère en thérapie des anges. Elle a demandé à l'archange Michaël d'aspirer mes pensées négatives et je suis partie en ayant l'impression d'être une nouvelle personne.

Cela a changé la façon dont je me sentais, dont j'agissais et même mon apparence ! Peu de temps après la séance, j'ai croisé une amie qui m'a dit qu'il y avait quelque chose de différent chez moi et elle m'a demandé si j'avais perdu du poids. Je savais que c'était la paix qu'elle voyait en moi.

La plupart de mes peurs se sont évanouies. Chaque fois que j'ai des pensées anxieuses, je demande à l'archange Michaël de me guider et je me sens aussitôt mieux. Mes vieilles phobies à propos du noir ont aujourd'hui complètement disparu.

Depuis que l'archange Michaël a chassé ces blocages et que je fais appel à lui, ma vie est emplie de joie. J'ai renoué avec des amis qui me manquaient beaucoup et ma relation avec mon amoureux est encore plus solide. C'est merveilleux ! L'archange Michaël est vraiment un don miraculeux de Dieu. J'ai hâte de voir ce que l'avenir me réserve – et je n'ai pas peur !

Si vous pensez que vous avez besoin de l'aide professionnelle que Gladys a reçue, l'histoire de Gillian Leahy montre que Michaël offre tout le soutien dont vous avez besoin – il suffit de demander :

Un soir, j'ai fait appel à l'archange Michaël parce que je me sentais déprimée en raison d'événements qui s'étaient produits dans mon passé. Je ne savais plus qui j'étais et j'avais des questions auxquelles personne ne pouvait répondre. Ce soir-là, j'étais étendue dans mon lit et je pensais à tout ce qui m'était arrivé dans ma vie. J'ai finalement demandé à Michaël de m'aider à composer avec mes émotions.

La chambre était plongée dans le noir, mais j'ai soudainement vu une « énergie » − il n'y a pas d'autres façons de le décrire. On aurait dit que quelqu'un m'étreignait et j'ai simplement ouvert mon cœur. Dans mon esprit, je pouvais voir Michaël et sa légion d'anges miséricordieux en train d'évacuer toute la noirceur de mon être. C'était comme si elle quittait simplement mon corps. La vision était si claire, comme si je pouvais les voir physiquement. Les anges se sont rapprochés, ont disparu un moment, puis se sont envolés. J'ai eu la sensation d'être emplie de lumière… Cela s'est terminé ainsi.

Le lendemain, je me suis réveillée pleine d'énergie, alors j'ai raconté à mon mari de quelle façon j'avais été guérie. Il a d'abord ri jusqu'à ce qu'il réalise que j'étais sérieuse. Depuis ce soir-là, je me suis entraînée à détacher les cordes éthériques de mon mari, avec des résultats positifs. Je pouvais vraiment voir toutes les cordes attachées dans son dos.

Chaque fois que je me sens déprimée, je fais appel à Michaël. Je sais toujours qu'il est là quand j'éprouve une sensation de chaleur dans mon cœur !

Vous aussi pouvez demander à l'archange Michaël d'aspirer les énergies négatives des maisons, des bureaux et d'autres personnes (surtout des enfants, comme je l'ai mentionné plus tôt), comme l'illustre l'histoire de Robin Ramos :

C'est en lisant le livre de Doreen, Aimer et prendre soin des enfants indigo, *que j'ai découvert pour la première fois les avantages de faire appel à l'archange Michaël. Je suis tombée sous le charme de la technique d'aspiration décrite dans le livre. Je l'ai lu plusieurs fois jusqu'à ce que je le sache presque par cœur ! J'ai aspiré la négativité des chambres de mes enfants, puis j'ai nettoyé toute la maison. J'ai aussi acheté une jolie plaque en céramique sur laquelle se trouve une image de Michaël que j'ai suspendue devant les chambres de mes enfants.*

Je suis devenue vraiment bonne en visualisation et quand j'utilise cette technique, je vois immédiatement une immense lumière bleue dans mon esprit. Il m'arrive même de me sentir enveloppée d'une énergie puissante et positive. J'ai invité Michaël à demeurer en permanence dans ma famille, comme Doreen le suggère, et je sens sa présence quand je pense à lui.

J'ai vite remarqué que mon fils Zack dort mieux et a plus d'énergie quand j'aspire la négativité de sa chambre, en plus de demander l'aide de Michaël et de le remercier. Mon fils Tyler est très sensible aux bruits dans sa chambre, à tel point que cela le garde éveillé. Sentant qu'il avait peur, j'ai tapé une lettre qui invitait Michaël à demeurer avec nous et je l'ai placée dans sa chambre. Les résultats ont été immédiats et extraordinaires : Tyler a cessé d'entendre des bruits qui le maintenaient éveillé. Cela fait cinq ans depuis ma première rencontre avec l'archange Michaël et je suis reconnaissante de sa présence continue.

J'ai aussi demandé à Michaël d'accompagner mes enfants à l'école. Périodiquement, quand Zack commence à devenir ultrasensible et à être victime d'intimidation, je demande à l'archange de demeurer près de lui et, chaque fois, il revient en se plaignant moins et en étant moins bouleversé. Les jours où j'oublie de demander à Michaël d'aider mon fils, je peux vraiment voir une différence dans le comportement de Zack quand il rentre de l'école.

Depuis que je fais appel à Michaël et à tous les autres anges et guides, ma vie s'est enrichie et est empreinte de félicité. C'est si facile à faire et les conséquences ne peuvent jamais être néfastes. Au contraire : il en résulte une vie plus paisible, positive et bénie.

Vous pouvez aspirer la négativité en vous, celle de vos proches et celle de votre maison en demandant à l'archange Michaël et à sa légion d'anges de prendre soin de vous. Demandez-lui d'aspirer toutes les mauvaises énergies, la peur, les entités négatives ou terrestres ou tout ce qui est toxique. Vous pouvez aussi lui demander d'aspirer la peur ou la noirceur de toute personne liée à vous (au point que cela affecte votre libre arbitre). Dès que vous demandez de l'aide, vous l'obtenez.

COUPER LES CORDES DE LA PEUR

J'ai appris la méthode suivante en observant l'archange Michaël durant mes séances de guérison. Chaque fois que je lui demandais d'aider mes clients à se libérer d'une peur paralysante, il se servait de son épée pour couper les liens que je pouvais voir attachés à leur corps. Ces liens ressemblaient à des tubes transparents (semblables aux tubes médicaux).

À force de diriger des séances avec Michaël et de poser beaucoup de questions, j'ai compris que ces tubes vides font circuler de l'énergie entre mes clients et d'autres gens (et parfois des biens matériels s'ils y sont attachés parce qu'ils ont peur de les perdre).

Les tubes permettent donc un échange d'énergie entre deux individus. Par exemple, si quelqu'un est relié par un tube (appelé *corde éthérique*) à une personne en colère, il aura tendance à aspirer cette énergie et ressentira une douleur dans la région du corps où le tube est attaché.

À l'inverse, si cette corde est attachée à une personne souffrant de dépendance affective, l'énergie circulera alors plutôt vers elle. L'autre personne se sentira épuisée sans trop savoir pourquoi et aucune des méthodes habituelles pour faire le plein d'énergie ne l'aidera à éliminer cette fatigue.

Ces cordes sont-elles négatives ? Elles le sont du fait qu'elles sont créées par la peur. Chaque fois qu'une personne éprouve une inquiétude dans une relation, par exemple « J'espère que tu ne me quitteras pas », il se crée alors un lien semblable à une laisse éthérique.

Il existe aussi des cordes d'argent tissées de vie et d'amour qui sont saines et non poreuses. Il est impossible de les couper, parce qu'elles sont composées d'amour éternel.

Il n'y a aucune raison de nous inquiéter ou d'avoir honte des cordes créées par la peur, car elles sont normales, surtout chez les personnes sensibles. Comme vous le constaterez dans les histoires suivantes, vous pouvez facilement demander à l'archange Michaël de couper ces cordes chaque fois que vous éprouvez de la fatigue ou de la douleur. C'est aussi simple que de dire Michaël ou s'il te plaît, coupe les cordes créées par la peur qui me relient. Vous pouvez aussi lui demander d'envoyer de l'amour à ceux à qui vous étiez lié.

Une femme nommée Trina, qui avait l'avantage de posséder un don de clairvoyance, a aidé sa fille en demandant à Michaël de libérer sa fille de sa peur :

> *Ma fille de 12 ans s'est soudainement mise à avoir peur d'être seule la nuit et se plaignait de sentir « quelque chose d'étrange » derrière elle. Elle insistait pour que Seamus, notre golden retriever, dorme derrière elle, sinon elle resterait éveillée toute la nuit.*
>
> *Un soir, dans l'automobile, elle a commencé à gigoter sur son siège. Elle s'est glissée jusqu'au point d'être pratiquement couchée. J'ai bien vu qu'elle ne me faisait pas simplement un numéro de préadolescente et j'ai décidé de jeter un coup d'œil pour voir ce qui pouvait autant la déranger.*
>
> *Mon don de clairvoyance me permet d'identifier des choses de cette nature. J'ai tout de même été stupéfaite en voyant une immense corde attachée au milieu de son dos ! J'ai demandé à l'archange Michaël d'aider à l'enlever, en plus d'offrir à ma fille une protection permanente. J'ai vite senti son énergie et constaté que la corde avait disparu.*
>
> *Au bout d'un moment, elle a été en mesure de se rasseoir bien droite et m'a dit que son dos allait mieux. Je lui ai parlé de l'archange Michaël et lui ai dit qu'elle pouvait demander son aide si jamais elle éprouvait de nouveau la même sensa-*

tion. Grâce à l'archange, ma fille n'a plus peur la nuit – et, bien entendu, je me sens mieux également.

Il n'est pas nécessaire d'être clairvoyant pour profiter de l'aide de Michaël. Même si vous ne pouvez pas voir ces cordes, vous pouvez ressentir la fatigue, l'épuisement ou la douleur physique qu'elles entraînent sans aucune cause logique – de même que le soulagement une fois qu'elles sont coupées –, comme le démontre l'histoire de Tina :

Trois semaines après la naissance de mon enfant, j'ai souffert de dépression post-partum. Pour mon anniversaire, mon mari m'avait acheté le livre Guérir avec l'aide des anges, *de Doreen, et je venais de commencer à le lire. Avant, je ne savais pas grand-chose des anges, à part qu'on en parlait dans la* Bible *et qu'ils étaient des messagers de Dieu.*

Dans la section du livre où j'étais rendue, l'auteure suggérait de faire appel à l'archange Michaël pour nous libérer de nos émotions négatives et de la dépression. Je me souviens que j'étais assise sur le canapé et que je me suis dit que j'allais essayer – j'étais prête à tout pour me sentir mieux.

J'avais les yeux fermés quand j'ai soudainement eu la vision d'un ange descendant vers moi avec une épée à la main. Il a ensuite coupé les cordes qui étaient attachées à mon corps. J'ai aussitôt eu peur, car j'ai cru qu'il tranchait ma corde de vie et j'ignorais tout à ce moment-là des cordes éthériques ou des liens qui nous rattachent à d'autres individus qui nous vident de nos émotions.

N'empêche que, cet après-midi-là, je me suis sentie soulagée d'un énorme poids et je peux honnêtement dire que c'est grâce à l'archange Michaël que j'ai guéri de ma dépression post-partum. Ce n'est que plus tard, quand j'ai commencé à lire davantage sur les anges, que j'ai découvert que Michaël porte une épée et nous soulage de nos fardeaux. Dans mon cas, sa guérison a été immédiate et miraculeuse. Maintenant, je demande à l'archange Michaël de venir à mes côtés chaque fois que je me sens vulnérable et que j'ai besoin de sa protection.

Tout le monde peut faire appel à Michaël et lui demander de couper les cordes de la peur. Il suffit simplement de demander. *La façon de le faire* importe peu, comme Barbara Urban l'a découvert, tout comme *l'endroit* où vous vous trouvez. Michaël répond à chaque appel à l'aide :

J'étais en train de méditer dehors, dans mon spa. Je me disais combien j'aimerais avoir un lien plus profond avec les anges, notamment avec l'archange Michaël. Je me sentais vraiment détendue.

J'ai demandé à Michaël de bien vouloir couper tout lien de peur et de doute que j'étais consciente ou non d'avoir. J'ai dit : « Archange Michaël, de grâce, tranche ses liens afin que je puisse faire la merveilleuse expérience de voir les anges. »

Tout était silencieux. Je regardais les oiseaux et les arbres en rêvassant dans mon spa. Soudain, j'ai entendu un bruit sec à ma droite. Comme si quelque chose était tranché. Sur la table à côté de moi, un melon d'eau que j'avais déposé était fendu et son jus coulait sur ma terrasse !

Je ne voyais rien autour de moi, mais j'ai immédiate-ment su que l'archange Michaël m'avait envoyé un signe en tranchant le melon d'eau avec son épée pour m'indiquer qu'il avait coupé mes liens de peur ! Je suis sortie du spa, j'ai couru sur la terrasse en sautant et en criant : « Merci ! Merci ! »

Le melon d'eau était presque entièrement coupé en deux. La lame s'était arrêtée à moins de quatre centimètres de l'écorce. J'imagine que Michaël ne voulait pas qu'il tombe de la table et il voulait être certain que je voie qu'il avait été sectionné. J'étais tellement excitée. Je sais au plus profond de moi que c'était un signe.

J'ai fixé le melon un moment et j'ai réalisé que Michaël me disait qu'il avait coupé mes liens. Je n'ai pas vu d'anges comme je l'avais demandé, mais j'ai bien reçu un signe d'eux !

J'aime le sens de l'humour de Michaël dans l'histoire de Barbara. Comme les cordes sont des fragments nés de la peur au sein des relations, elles peuvent jeter une ombre sur notre sens de l'humour et notre bonheur. En fait, les cordes sont des représentations métaphysiques du manque de pardon et de la colère retenue. Comme tous les cheminements spirituels et toutes les religions l'enseignent, le pardon ouvre la voie à la vraie guérison et au bonheur. L'histoire de David Welch en fait la démonstration :

J'étais en train de prier que je souhaitais rencontrer mon âme sœur quand mon esprit s'est mis à penser au fait de pardonner à ceux qui m'avaient offensé. L'un d'eux était un ami de la Floride à qui j'avais sous-loué mon appartement pendant que j'étais en service dans la Marine, à Porto Rico.

Comme il n'avait payé ni le loyer, ni les frais de services publics, il a été expulsé. Pour se venger, il avait mis mon appartement sens dessus dessous et je ne lui ai jamais pardonné ce geste.

J'ai demandé à l'archange Michaël de couper les liens négatifs qui me retenaient à mon ami. Je me suis aussitôt senti soulagé d'un immense poids. La sensation physique que je ressentais dans mon dos ressemblait à un doux massage – je savais que c'était l'archange Michaël qui était en train de couper les cordes. J'ai regardé par-dessus mon épaule droite et je l'ai remercié de m'avoir aidé à pardonner. Et même si je ne pouvais pas le voir, j'ai entendu sa voix dans ma tête qui me disait simplement : Tout le plaisir est pour moi, David. C'est étonnant comme je me suis senti mieux après avoir pardonné. Maintenant, je comprends pourquoi cet acte est si important.

Comme l'histoire de David l'illustre, demander à Michaël de couper vos cordes est une merveilleuse façon de vous préparer en vue d'une nouvelle relation. C'est aussi une manière saine de composer avec la fin d'une relation, comme une femme nommée Clarity le décrit :

Je traversais un profond désarroi après une rupture. Je souffrais énormément en pensant à mon ancien amoureux. J'ai éventuellement pris conscience que le vrai problème se trouvait en moi.

J'ai donc demandé à l'archange Michaël : « De grâce, aurais-tu l'amabilité de couper les cordes négatives qui me retiennent ? » J'ai fermé les yeux et récité des prières avec une *grande sincérité parce que je désirais vraiment être libérée de cette douleur profonde.*

Quand j'ai ouvert les yeux, j'ai vu des éclats lumineux et colorés devant moi ! Je ne pouvais pas en croire mes yeux, alors je me suis levée de mon coussin et j'ai regardé par la fenêtre, croyant que c'était le reflet des néons du supermarché de l'autre côté de la rue. Mais le commerce était fermé.

J'ai aussitôt senti que c'était sûrement un signe de la présence de l'archange Michaël. Je me suis souvenu avoir lu dans le livre de Doreen que les lumières colorées sont les auras des archanges et des maîtres ascensionnés.

Je suis heureuse de dire qu'après, j'ai éprouvé un profond sentiment de paix et que je n'ai plus souffert de rancœur ou de chagrin indésirables. J'ai confiance et je crois en la présence de l'archange Michaël et des autres êtres célestes. Merci, Michaël et mes adorables anges !

Michaël répond immédiatement à tous les appels à l'aide, peu importe la forme de la demande. L'histoire suivante d'une femme nommée Chrissie démontre qu'il répond aux demandes de protection en coupant les cordes durant les rêves :

Mon jeune garçon, Jamie, était victime d'intimidation à l'école. Une nuit, il a rêvé que l'archange Michaël était venu le voir avec son épée. Il y avait une longue corde sur laquelle était inscrit le nom de mon fils à une extrémité et celui de l'intimidateur à l'autre. Michaël a pris son épée et a coupé la corde en deux. Peu de temps après ce rêve, Jamie a su mieux composer avec le harcèlement et celui-ci s'est arrêté complètement !

Je suis certaine que Michaël pénètre ainsi dans un grand nombre de nos rêves. Nous ne nous en rappelons pas toujours, mais nous profitons des effets, tout comme le garçon de Chrissie quand l'intimidateur a cessé de le harceler.

NETTOYER VOTRE MAISON OU VOTRE BUREAU DE LA NÉGATIVITÉ

Comme le rôle et le but principal de l'archange Michaël est d'éradiquer la peur des gens, des lieux et du monde entier, il possède un don merveilleux pour nettoyer l'énergie de votre maison ou de votre bureau. Michaël éloigne les esprits terrestres et la négativité en invoquant à leur place les anges divins et en protégeant l'endroit de toute intrusion.

Voilà pourquoi il est bon de demander à l'archange Michaël de nettoyer l'énergie partout où vous passez du temps. Comme vous le lirez dans les histoires de la présente section, le nettoyage de l'énergie donne des résultats vraiment positifs. Il suffit de demander.

Comme Kelly Roper, la plupart des gens demandent à Michaël de nettoyer l'énergie de leur demeure parce qu'ils ressentent la négativité qu'elle renferme :

Je venais d'emménager dans la maison de mon amoureux. Il y régnait une énergie très sombre, provenant en grande partie des nombreuses tentatives de suicide de son ex-épouse. La maison était également encombrée de vieux objets et les murs étaient foncés. Mes amis disaient qu'ils trouvaient l'endroit froid et peu accueillant. J'ai donc demandé à l'archange Michaël de chasser la négativité de cette maison et j'ai suivi la voix intérieure qui me disait de repeindre les murs avec des couleurs plus pâles.

À présent, les visiteurs me parlent plutôt de l'ambiance agréable et invitante qui émane de la maison ! Depuis, je vois fréquemment des étincelles bleues et je salue toujours Michaël, en le remerciant pour toute son aide.

Notez comment en plus de Kelly, les visiteurs ont également perçu une différence dans l'énergie de la maison. Je crois que tout le monde est sensible à l'énergie positive et négative dans les immeubles. Même si certaines personnes ignorent pourquoi elles préfèrent un lieu à un autre, cela ne les empêche pas de sentir l'ambiance et le climat qui règnent dans une pièce. Les enfants, en particulier, sont capables de sentir ces énergies, comme l'illustre l'histoire de Sarah Dickson :

Sophie, ma fillette de deux ans, est extrêmement sensible aux énergies invisibles aux yeux de nombreuses personnes, y compris les énergies négatives. Elle avait l'habitude de se réveiller la nuit en pleurant et en étant profondément troublée par ces dernières. Nous croyions, quand elle était encore bébé, que Sophie se réveillait parce qu'elle était la proie de terreurs nocturnes ou de cauchemars. Mais quand elle a commencé à parler, j'ai compris qu'elle était dérangée dans son sommeil par des esprits errants qui communiquaient avec elle malgré son désir de dormir.

Nous avons donc commencé à prier tous les soirs et à demander la protection de l'archange Michaël. Nous lui avons demandé d'empêcher toute énergie de peur et de négativité de pénétrer dans notre maison et de demeurer près de nous et de nous protéger toute la nuit.

Depuis, Sophie dort tellement plus paisiblement (de même que sa mère et son père !). Ma fille voit ses anges et prononce chaque soir le nom de Michaël avant de déposer sa tête sur son oreiller. Et il nous protège toute la nuit.

L'histoire suivante de Mary K. Gee est inhabituelle parce que les énergies dans sa maison faisaient beaucoup de ravages. Cela ne se produit pas fréquemment, mais quand c'est le cas, Michaël est « l'ange de la situation », comme Mary l'a découvert :

Quand certains objets dans mon ancienne demeure ont commencé à émettre des bruits étranges, je n'ai pas paniqué, même si cela créait en moi un malaise. Mais peu de temps après, ils se sont mis à se briser et à voler dans les airs. Mes chiens étaient terrifiés et le téléphone sonnait sans qu'il y ait quelqu'un au bout du fil. J'ai appelé une de mes amies qui pratique le chamanisme et elle est venue voir ce qui se passait exactement chez moi.

Elle m'a dit que ma fille avait rapporté ces énergies inférieures de son école secondaire. Une fois les énergies à l'intérieur, elles se sont détachées d'elles et ont commencé à faire le ménage.

Elle m'a conseillé de demander à l'archange Michaël de les exorciser de ma maison. J'ai donc scandé son nom et je lui ai demandé de m'aider à nettoyer ces énergies. Au début, j'ai essayé d'aider Michaël en visualisant moi-même le processus de purification. Mais c'était trop difficile, alors je me suis inclinée et je l'ai laissé s'en charger, ce qu'il a fait à une vitesse incroyable ! Les énergies ne sont plus jamais revenues. Maintenant, je fais toujours appel à Michaël quand j'ai peur et je lui ai également demandé de couper certaines cordes éthériques.

Comme Mary, une conseillère en thérapie par les anges nommée Sophia Fairchild a eu besoin de l'aide urgente de l'archange Michaël pour éloigner de sa maison les énergies négatives et les entités terrestres :

Il y a de nombreuses années, j'ai acheté une maison délabrée sur une colline face à l'océan. Elle était dans un très mauvais état, mais c'était la seule demeure que je pouvais acheter à ce moment-là. Je me doutais bien qu'il y avait quelque chose de louche avec cette maison parce que personne ne s'était montré intéressé à l'acheter malgré son emplacement magnifique et son prix plutôt bas.

Quand j'y songe, maintenant, je vois à quel point le problème était évident. Lors de la première et unique visite libre, les quelques clients potentiels sont devenus blancs comme des draps sitôt après avoir mis les pieds dans l'entrée. La plupart se sont vite réfugiés dans leur auto et ont déguerpi le plus vite possible. L'agent immobilière se tenait à l'écart, en pointant la vue sur la mer et en excusant le fait que la maison était inhabitée depuis un certain temps.

Moi aussi, j'ai bien senti l'ambiance froide et glauque qui émanait de la maison, mais je me suis tout de même aventurée à l'intérieur. J'ai essayé de ne pas grimacer en voyant la plomberie désuète, les trous dans les murs couverts de graffitis, les objets vieux de plusieurs décennies qui s'accumulaient jusqu'au plafond et les articles personnels abandonnés à la hâte qui étaient éparpillés comme des confettis dans la cour. Malgré tout, la vue agréable sur l'océan et les traces de ce qui avait dû être un magnifique jardin, maintenant enterré sous les mauvaises herbes et les déchets, m'ont donné l'espoir que je pourrais tirer quelque chose de beau de cette épave. De plus, c'était tout ce que j'avais les moyens d'acheter.

À l'encan, j'ai été la seule enchérisseuse, à part un homme que je soupçonnais avoir été engagé pour faire monter le prix de la maison. Heureusement, je ne me suis pas laissée intimider et j'ai obtenu la maison pour une somme encore inférieure à ce à quoi je m'attendais. Pour moi, c'était presque miraculeux de posséder enfin ma propre maison ! Mon fils, cependant, n'était pas aussi enthousiaste.

Peu de temps après mon déménagement, mes voisins, nerveux, se sont mis à me raconter des histoires bizarres à propos des résidants précédents. Une vieille femme qui avait survécu aux camps de concentration nazis avait habité seule la maison pendant de nombreuses années avant de mourir dans ma chambre. C'était une âme tourmentée qui parcourait chaque jour la ville en autobus, apparemment pour fuir quelqu'un ou quelque chose qui la poursuivait. Quelle *tristesse de penser qu'après tout ce qu'elle avait traversé, elle avait si peur de se retrouver dans sa propre maison.*

Laissée entre les mains de locataires négligents et d'un propriétaire absent qui n'avait acheté la propriété que pour la valeur du terrain, la maison était devenue délabrée. Les derniers occupants étaient un groupe d'amateurs des sciences occultes qui avaient dû prendre plaisir à observer la parade des fantômes qui se promenaient la nuit dans cette maison balayée par le vent – jusqu'à ce qu'ils fuient eux-mêmes au galop. Même mes chats savaient que cette maison était hantée, mais je réussissais à faire comme si de rien n'était.

J'ai retenu les services d'un expert en feng shui reconnu pour qu'il nettoie la maison de son énergie froide et dégoûtante. Il a analysé la propriété et a identifié de puissants courants telluriques qui se croisaient sous la maison. Nous avons cloué au sol des tuyaux en cuivre dans l'espoir que cela calmerait l'énergie et nous avons déplacé les meubles dans la chambre de mon fils. Après avoir fait tout ce qui était en son pouvoir, l'homme est parti en me recommandant d'appeler un spécialiste pour qu'il vienne effectuer un exorcisme. Un quoi ? Ah bon ! Un exorcisme. Mais qui appeler ? Je l'ignorais. Ce n'est pas le genre de spécialiste qu'on trouve facilement dans les pages jaunes.

À ce moment-là, je me suis dit que je devais venir à bout de la situation. J'ai refusé de sombrer dans le désespoir, mais je ne savais pas à qui faire appel. La seule vision qui me venait en tête, c'était une fenêtre en vitrail dans une cathédrale gothique. C'était tout ce que je pouvais associer au terme exorcisme. N'ayant aucune autre ressource, j'ai décidé d'aller fouiller sur les tablettes poussiéreuses des boutiques de livres anciens dans le but de trouver quelque chose sur les exorcismes médiévaux.

C'est dans une de ces librairies que je suis tombée sur l'illustration d'un vitrail aux couleurs éclatantes représentant l'archange Michaël, dans une église anglicane. Le livre doré sur tranche mentionnait des prières pour demander l'aide de l'archange dans le but de chasser des « démons ». Tout en parcourant le livre, j'ai remarqué que cela faisait un moment que je retenais mon souffle et que je commençais à suer. C'était la première fois que je lisais une description sur la façon d'exorciser une maison hantée.

Voici ce que le livre mentionnait : « Michaël est le prince des armées célestes. Il est possible de faire appel à lui quand l'âme et le corps font face à tous les dangers et d'implorer qu'il intervienne auprès des âmes au moment de leur mort afin de les transporter au pied du trône de Dieu. »

En notant ces mots, je ne pouvais plus nier la réalité et l'étendue du phénomène de hantise, et j'ai compris à quel point nous étions impuissants. Je croyais que j'avais le pouvoir de me battre pour protéger ma famille parmi les légions d'âmes qui se déplaçaient chaque nuit librement dans notre maison, mais c'était trop pour moi. Heureusement, Michaël me tendait une bouée de sauvetage. J'ai recommencé à respirer à travers mes larmes.

J'ai été élevée selon une tradition chrétienne qui ne mettait pas beaucoup l'accent sur la présence des archanges. Mais ce matin-là, alors que je me trouvais dans cette boutique de livres anciens et que je contemplais l'image de Michaël en train de pointer avec son épée puissante une bête *terrible qu'il écrasait sous son pied, j'ai su que j'avais trouvé la personne idéale pour accomplir la tâche.*

Ce soir-là, mon fils est allé dormir chez un ami. Je suis allée me coucher et j'ai fermé les yeux. Il était temps. La pièce était glacée et une tension régnait dans toute la maison, comme toujours. Ne sachant trop quoi faire, j'ai simplement prié l'archange Michaël, le suppliant de m'aider. Il est aussitôt apparu dans mon esprit : grand et plein de fougue. J'ai même senti sa chaleur se répandre dans la pièce et sa présence m'a aussitôt réconfortée.

Je lui ai demandé de m'aider à me débarrasser des fantômes ou des entités qui se trouvaient dans notre maison. Dès que je les ai mentionnés, j'ai vu — comme sur un écran de cinéma — un grand nombre de formes surgir dans la noirceur.

L'archange Michaël se tenait devant moi, formant un bouclier avec ses grandes ailes et son immense aura blanche lumineuse. Les âmes qui s'étaient assemblées devant lui semblaient calmes en sa présence. Puis, j'ai remarqué qu'il les dirigeait vers la droite, là où une petite ouverture éclairée devenait de plus en plus brillante.

C'était comme si quelqu'un déplaçait une immense pierre devant une entrée, sur le côté d'une montagne, et que nous observions de l'intérieur de la caverne les rayons lumineux du soleil pénétrer et venir nous réchauffer. La lumière dorée qui brillait par cette ouverture semblait faire signe aux esprits regroupés à l'intérieur. Je suis restée là à regarder l'archange Michaël les diriger un à un par la porte, dans les rayons du soleil.

Pendant que les âmes floues avançaient en file dans la lumière, on aurait dit que leur nombre ne cessait d'augmenter ! La procession a duré un long moment et, malgré mon envie de dormir, j'ai lutté pour demeurer éveillée et voir la suite.

L'archange avait dû sentir ma fatigue. Il a ordonné à celles qui n'avaient pas encore franchi la porte illuminée de disparaître pour le moment et de me laisser en paix. Et sur son ordre, elles se sont simplement évanouies. On aurait dit que l'archange Michaël avait ouvert un portail aux âmes égarées pour qu'elles puissent s'envoler afin de ne plus errer et demeurer prisonnières dans un lieu où elles n'étaient pas supposées se trouver. Et tout cela s'est réalisé sans aucune lutte, dans la paix et la compassion.

L'énergie dans notre maison s'est vite apaisée et l'archange est revenu à plusieurs reprises pour guider ces âmes dans la lumière. Chaque fois qu'il apparaissait, elles semblaient venir de kilomètres à la ronde et s'avançaient en rang dans la lumière qu'il leur offrait. Avec le temps, Michaël n'a plus eu besoin de venir aussi fréquemment et nous avons commencé à nous sentir vraiment bien dans notre maison.

Plus tard, un résidant du coin m'a dit que le terrain situé près du sommet de la colline aurait été, autrefois, un ancien cimetière. Et la maison en tant que telle se trouvait à quelques rues d'un cimetière qui avait été construit par les premiers habitants. De toute évidence, l'archange Michaël avait invité un grand nombre d'âmes, y compris celles des êtres qui étaient décédés des siècles auparavant, à franchir la lumière.

Nous avons connu des belles années dans cette maison. Après avoir redonné vie aux magnifiques jardins et rénové avec soin la maison, je l'ai revendue beaucoup plus tard à un prix record. Et maintenant, grâce au travail de Michaël, il est possible d'entendre de jeunes enfants s'amuser dans le quartier. Merci, archange Michaël !

Comme nous l'avons vu, l'une des spécialités de l'archange Michaël est de nous protéger et de nous libérer de la peur et de ses causes. Il fait tout ce qui est nécessaire pour nous aider à nous sentir en paix et en sécurité, et cela signifie parfois qu'il intervienne pour nous guérir physiquement, en collaboration avec Raphaël, l'archange de la guérison, comme nous allons l'explorer dans le prochain chapitre.

🍂 🍂 🍂

CHAPITRE VIII

LES ARCHANGES
MICHAËL ET RAPHAËL

Comme nous l'avons mentionné au chapitre 7, les méthodes de guérison de l'archange Michaël sont puissantes et efficaces. D'ailleurs, beaucoup de gens disent avoir vu leur douleur et leur peur disparaître sitôt après avoir demandé son aide. Bien que nous ne considérions pas habituellement Michaël comme un ange « guérisseur », ses interventions donnent certainement ce résultat, comme l'histoire de Sandee Belen le démontre :

Quand j'étais plus jeune, j'étais danseuse, mais j'avais toujours des problèmes avec mon pied droit. Il m'arrivait d'avoir des crampes musculaires qui me faisaient beaucoup souffrir. Une nuit, j'ai ressenti une douleur vive dans mon pied et j'en ai eu assez, alors j'ai demandé à l'archange Michaël de me libérer de toute cause métaphysique à laquelle je m'accrochais et qui créait cet inconfort dans cette partie de mon corps. La douleur a immédiatement cessé !

J'ai vu des gens guérir instantanément d'une maladie chronique à la suite d'une intervention de Michaël. La raison en est fort simple : les douleurs lombaires et musculaires ont souvent pour origine les cordes éthériques créées par la peur et l'énergie négative. Une fois que Michaël élimine ces sources, la douleur disparaît.

La plupart du temps, cependant, quand des personnes veulent guérir, elles font appel à des êtres associés spécifiquement à la guérison comme Jésus, certains saints ou divinités ou l'archange Raphaël.

Le nom Raphaël signifie « celui qui guérit » ou « Dieu guérit ». Dans les écrits canoniques catholiques du Livre de Tobie, il est l'ange qui rend la vue au père de Tobie. Raphaël a également accompagné Tobie dans son voyage, ce qui en fait également le protecteur des voyageurs.

GUÉRIR AVEC L'AIDE DES ARCHANGES

Les archanges Michaël et Raphaël travaillent si bien ensemble qu'ils semblent être les meilleurs amis du monde. Leurs dons sont vraiment complémentaires et ils offrent une combinaison imparable de puissants pouvoirs de guérison.

On m'a souvent transmis des histoires à propos de guérisons miraculeuses réalisées par Michaël et Raphaël, comme ce bel exemple de Beverly Czikowsky :

Mon neveu de 14 ans avait été diagnostiqué comme souffrant d'un anévrisme de l'aorte et de problèmes de coagulation du sang. Voilà pourquoi toute chirurgie était particulièrement complexe et dangereuse pour lui. Le jour où il a dû en subir une, nous avons prié ensemble. Et c'est en chantant que mon brave neveu est entré dans la salle d'opération !

La longue procédure a très bien réussi, mais le lendemain, son état s'est aggravé. Pendant que du liquide s'accumulait dans son corps en raison d'un œdème, ses signes vitaux se sont affaiblis et sa respiration est devenue superficielle. Le médecin a dit qu'il avait fait tout ce qu'il pouvait et qu'il ne nous restait plus qu'à prier. Selon moi, la prière n'est jamais un dernier recours — elle est plutôt un outil de maintenance.

Toute la famille a donc formé un cercle autour du lit d'hôpital de mon neveu en se tenant par la main. Ensemble, nous avons invoqué les archanges Michaël et Raphaël, mais nous pouvions aussi sentir la présence d'un grand nombre d'anges aimants. Nous avions une requête spécifique : « De grâce, chassez ce liquide de son corps, guérissez-le et remplacez le liquide par votre merveilleuse lumière blanche. » La pièce était emplie d'amour — c'était palpable. Tout le monde avait les larmes aux yeux, y compris les infirmières des soins intensifs.

Le lendemain, les médecins sont demeurés sans voix. Dans la nuit, mon neveu avait perdu l'équivalent de 4,5 kilos en liquide. Les médecins n'avaient aucune explication médicale. Ils ont dit que c'était un miracle.

Était-ce un miracle ? Peut-être, mais, moi, je crois que c'était purement et simplement de l'amour. Dieu et ses anges sont omniprésents.

Mon neveu est maintenant âgé de 16 ans. Il joue de la guitare, écrit des chansons, en plus de pratiquer des activités de plein air… et moi, je suis une tante immensément fière !

Peu importe la maladie, Raphaël et Michaël peuvent procurer au patient une présence apaisante, quand on fait appel à eux, de même que dans la chambre d'hôpital ou dans les autres aspects liés à la guérison. La prochaine histoire d'une de mes amies, Ariel Wolfe, démontre que même un appareil médical sensible peut mesurer la présence de Michaël et de Raphaël :

> *Récemment, j'ai dû me soumettre à une série d'examens IRM en raison de mon état de santé. Chaque fois, je demandais à Michaël et à Raphaël de m'accompagner. Ainsi, pendant que j'étais étendue immobile dans l'anneau de l'appareil, je recevais l'énergie de ces deux anges tout en leur disant que j'étais prête à guérir.*
>
> *Un jour, j'ai vu Michaël et Raphaël danser autour de moi : les archanges formaient une farandole au-dessus de mon ventre pendant que je reposais immobile sur la table étroite à l'intérieur de l'anneau.*
>
> *Soudainement, j'ai entendu la voix de l'infirmière dans le haut-parleur de l'anneau me dire : « Nous détectons du mouvement ici ! Rappelez-vous qu'il ne faut pas bouger ! »*
>
> *« Je vous jure que je n'ai pas bougé un muscle ! » ai-je répliqué, tellement heureuse de savoir que le mouvement des anges avait été détecté par l'appareil IRM.*

J'adore l'histoire d'Ariel parce qu'elle témoigne de l'humour des anges et de la manière ingénieuse dont ils lui ont laissé savoir qu'ils étaient à ses côtés.

Bien que Raphaël soit l'ange guérisseur en chef, il est toujours utile de demander à Michaël d'intervenir dans toute situation angoissante. Après tout, il excelle dans l'art de dissiper la peur et n'est-ce pas toujours sain ? Voilà pourquoi l'histoire miraculeuse de Susan Chorney est un bel exemple de la collaboration étroite des deux archanges :

Le 14 août 2004, les trois enfants de mon conjoint et leur mère ont été victimes d'un accident de la route. Nicole, ma belle-fille de 13 ans, a été plongée dans le coma, en plus de souffrir de blessures graves à la tête, d'avoir la mâchoire fracturée et un collapsus pulmonaire.

En allant prendre l'avion pour nous rendre à l'hôpital pour enfants, je savais que j'aurais besoin d'aide pour traverser cette épreuve, alors j'ai saisi le livre de Doreen, Archanges et maîtres ascensionnés, *afin que mon mari, Paul, et moi puissions nous accrocher au mince espoir que Nicole survivrait.*

Les médecins nous ont dit qu'elle ne passerait sans doute pas la nuit. Je n'ai donc pas cessé de l'entourer d'une lumière blanche, en invitant les archanges Raphaël et Michaël à guérir son cerveau et son poumon. Je les ai aussi remerciés à plusieurs reprises de leur présence auprès d'elle.

On avait inséré une sonde dans le cerveau de Nicole pour mesurer l'œdème, et plus le nombre était élevé, moins elle avait de chance de survivre. Dieu m'est témoin que chaque fois que je priais, penchée au-dessus d'elle, en invitant

Raphaël et Michaël à la guérir, l'œdème diminuait. C'est un fait scientifique ; les chiffres inscrits sur le moniteur en sont la preuve. Ce rayon d'espoir a empêché mon mari de sombrer dans le désespoir. Il ne voulait plus que je quitte le chevet de sa fille !

Nicole a survécu et fréquente maintenant l'école secondaire. Les médecins n'en reviennent toujours pas qu'elle se soit rétablie. Paul reconnaît et apprécie tellement tout ce que Raphaël et Michaël ont fait qu'il s'adresse maintenant chaque jour à ses anges. Il sait que chaque fois qu'il a besoin d'aide, il n'a qu'à faire appel à eux.

Raphaël guide les guérisseurs à soigner leurs patients. Il aide aussi les étudiants à choisir leur spécialité dans les arts de la guérison, en plus de les guider et de les soutenir dans leurs études. Dans la prochaine histoire, il est clair que Raphaël et Michaël ont aidé des guérisseurs dans des situations stressantes. Après tout, la fonction de guérisseur constitue une grande responsabilité et procure beaucoup de tension, comme une infirmière diplômée nommée Susan nous en fait part :

J'ignorais en rentrant à New York d'une formation en thérapie par les anges que j'aurais l'occasion de me servir de mes habiletés dans une situation d'urgence presque de vie ou de mort.

Après avoir travaillé pendant 17 ans dans le milieu corporatif à titre d'infirmière diplômée, à évaluer des dossiers médicaux relatifs à des essais cliniques et à des rapports sur des incidents thérapeutiques, j'éprouvais le désir incessant de soigner de nouveau directement des patients.

Durant le vol, un message a été transmis dans le haut-parleur, demandant s'il y avait un médecin ou une infirmière à bord. Après m'être identifiée en tant qu'infirmière, une agent de bord m'a demandé de l'accompagner à l'arrière, dans l'office, afin d'examiner une femme qui ne se sentait pas bien. Pendant que nous parcourions l'allée à toute vitesse, j'ai souhaité en secret qu'il y eût un médecin à bord.

Les autres passagers scrutaient nos visages pour savoir ce qui se passait. J'ai dû retenir mes larmes en pénétrant dans l'office et je me suis demandé si j'étais en mesure d'aider cette femme en détresse après avoir été tant d'années sans soigner directement des gens. Je me suis ressaisie et je l'ai trouvée à l'arrière. Elle portait un masque à oxygène. Ne disposant d'aucun matériel pour m'aider, je devais me fier seulement à mon instinct – et compter sur l'aide de Dieu et des anges.

Cette charmante dame, dans la fin de la cinquantaine, était assise, tandis que son époux se tenait calmement debout près d'elle. Joan (nom fictif) était pâle, mais elle a pu me dire brièvement ce qui n'allait pas. J'ai voulu vérifier son pouls, mais j'arrivais à peine à l'entendre, alors j'ai essayé avec son autre poignet. Sans succès. Je me suis demandé ce que je pourrais faire pour elle, surtout quand je l'ai vue commencer à frissonner. Son état semblait s'aggraver. Avec aucun médecin à bord, il était évident que tout reposait entre mes mains et celles des anges.

J'ai immédiatement invoqué l'équipe d'urgence du ciel. À plusieurs reprises, j'ai prié fort les archanges Michaël et Raphaël pour qu'ils m'aident et fassent en sorte que cette charmante dame demeure consciente jusqu'à notre atterrissage. « De grâce, empêchez-la de s'évanouir ! » ai-je imploré.

J'espérais qu'il ne soit pas nécessaire d'atterrir d'urgence, d'autant plus que Joan avait à peine pu se tenir sur ses jambes en se rendant à l'arrière de l'avion. Et comme il restait encore quatre heures de vol, sans aucune autre aide à bord, je comptais beaucoup sur celle des anges. En la voyant frissonner davantage – les couvertures ne suffisaient plus –, je me suis demandé comment je pourrais bien réchauffer cette dame.

Tout en priant intensément, j'ai eu une intuition divine qui me disait de prendre dans l'office quelques sandwiches réchauffés (prêts à être distribués aux passagers pour le déjeuner) et de les placer sur les épaules de Joan ainsi que dans ses mains. Cela a fonctionné ! Elle a également bu du thé chaud et, lentement, son visage a retrouvé ses couleurs et elle a cessé de trembler. Merci, chers anges ! me suis-je dit.

Puis, j'ai parlé au capitaine de l'avion qui, à ma demande, a appelé un médecin, tandis que l'état de la dame semblait vouloir s'améliorer. Finalement, elle est demeurée consciente jusqu'à la fin du vol et a pu quitter l'avion sans aide ni fanfare. Une équipe paramédicale et des policiers de l'aéroport nous attendaient sur la piste d'atterrissage pour s'assurer que tout allait bien.

En sortant de l'avion, j'ai eu le profond sentiment que Dieu m'avait obligée à renouer avec mon travail d'infirmière soignante. Après tout, n'est-ce pas ce que j'avais désiré ? Et avec l'aide des anges, l'intervention avait très bien réussi. Tout cela grâce à Michaël et à Raphaël. Je ne sais pas ce que j'aurais fait sans eux.

À la lecture de l'histoire de Susan, vous pouvez sûrement imaginer toute la pression qu'elle a dû ressentir en tant qu'unique soignante à bord de l'avion. Heureusement, Michaël donne de la confiance et du courage pendant que Raphaël offre des conseils précis pour guérir. Ils forment vraiment une équipe gagnante à qui faire appel dans toute épreuve.

RAPHAËL ET MICHAËL À LA RESCOUSSE !

Les archanges ont aidé des gens dans de nombreuses situations, en plus de collaborer dans leur travail de guérison. Comme nous l'avons décrit dans le chapitre 6, Michaël est un excellent réparateur d'appareils mécaniques et électriques. Dans l'histoire de Deanne Millett, il a reçu un peu d'aide de Raphaël lors d'une réparation :

> *Nous devions constamment aller faire réparer notre automobile au garage. Et puis un jour, le mécanicien nous a dit qu'il fallait remplacer la transmission. Nous n'avions pas d'argent, alors j'ai prié et demandé à Michaël et à Raphaël de réparer notre véhicule.*
>
> *Dans mon esprit, j'ai vu les deux anges se pencher au-dessus du moteur, retirer des pièces et les remplacer par d'autres. Ils avaient tous les deux remonté leurs manches et rangé leurs ailes dans leur dos. Le lendemain, le mécanicien m'a dit que la transmission fonctionnait bien et que seules*

des réparations mineures étaient requises. Merci, Michaël et Raphaël !

Le principal rôle de Raphaël est de guérir les corps physiques et de soutenir les guérisseurs professionnels. Cependant, dans le cas ci-dessus, son intervention a plutôt servi à guérir les craintes de Deanne en matière d'argent. Les deux archanges guérissent avec compassion les émotions parce que Raphaël est conscient que la réduction du stress constitue la meilleure médecine préventive, comme une étudiante universitaire nommée Julie Schwaiger l'a découvert :

> *En plus de mes deux emplois, je suis étudiante à temps partiel. Mon horaire est très épuisant, mais je dois garder ce rythme encore quelques années, alors je prends bien soin de moi.*
>
> *Cependant, un jour que j'étais particulièrement fatiguée et sur le point de tomber malade, je suis sortie de mon automobile pour aller à mes cours et je me suis rendu compte que je n'en pouvais plus. J'étais tellement épuisée. De plus, il y avait ce professeur avec qui il était difficile de s'entendre et je me sentais émotionnellement vulnérable.*
>
> *J'ai donc demandé aux archanges Michaël et Raphaël de m'aider dans ce cours et de me protéger de ce professeur. Sitôt ma prière prononcée, j'ai senti la présence de deux êtres qui marchaient avec moi et qui me soulevaient au point que mes pieds touchaient à peine le sol. J'ai également senti des bras entourer mes épaules, des deux côtés, comme s'ils me réconfortaient en plus de me soutenir.*

Cette expérience m'a inspirée au point de rassembler mon courage et d'aller à mon cours. Et vous savez quoi ? Le professeur ne m'a pas embêtée ! Ni moi, ni personne d'autre d'ailleurs, ce jour-là ! Depuis ce moment, je demande chaque jour aux archanges de me protéger !

Les archanges répondent à nos appels à l'aide, même quand nous leur demandons d'aider une autre personne, comme nous allons l'explorer dans le prochain chapitre.

🍂 🍂 🍂

CHAPITRE IX

FAIRE APPEL À MICHAËL AU NOM D'UNE AUTRE PERSONNE

MICHEL NE PEUT PAS transgresser le libre arbitre d'un individu. Voilà pourquoi vous devez d'abord demander son aide avant qu'il puisse intervenir. La seule exception est lorsque des gens font face à un danger mortel et que leur heure n'est pas venue. Mais même dans ce cas, la plupart doivent suivre les conseils de Michaël (en utilisant leur libre arbitre) pour jouir de son intervention.

D'où la question qui est invariablement soulevée : *Peut-on demander à l'archange Michaël d'aider d'autres personnes ou est-ce une transgression de leur libre arbitre ?*

La réponse est double :

1. Quand vous demandez aux anges de veiller sur une autre personne, leur *présence* guérit et calme, même s'ils n'interviennent pas directement dans la vie de cet individu.

2. Les anges peuvent intervenir dans toute situation, dans la mesure où cela *vous* affecte.

À titre d'exemple de ce deuxième point, disons que vous vous inquiétez du fait que votre conjoint fume en plus d'en être physiquement affecté. Quand vous demandez aux anges de vous aider dans cette situation, ils peuvent intervenir dans ce qui vous touche directement. Ils peuvent par exemple vous protéger de la fumée et rehausser votre paix intérieure et votre foi. Même s'ils ne peuvent pas contraindre votre conjoint à cesser de fumer, leur présence pourrait le calmer suffisamment, au point que son désir de fumer diminue ou disparaisse complètement.

C'est une bonne idée de demander à l'archange Michaël de veiller sur vos proches, comme l'illustre cette histoire de Debbie Allen :

Pendant presque un an, mon mari a possédé et a conduit un camion de dix tonnes pour gagner sa vie. Chaque matin, lorsqu'il partait, je demandais à l'archange Michaël de l'entourer de lumière et de veiller sur lui, de le protéger et de le guider divinement durant la journée. Je lui demandais aussi que son camion soit entouré de la lumière divine et des anges, de manière à assurer la sécurité du chargement. Puis, je demandais aux anges de rappeler aux autres conducteurs de maintenir une distance raisonnable avec le camion.

Je sais que l'archange Michaël a protégé mon mari. Trois incidents en sont d'ailleurs la preuve évidente.

Une fois, au moment d'entrer sur une route, il a aperçu du coin de l'œil une automobile qui fonçait sur lui. Mon mari a aussitôt freiné en se préparant en vue de la collision inévitable. Il a regardé les trois adolescents et le conducteur se diriger tout droit vers son camion. À la surprise de tous, l'auto s'est arrêtée en dérapant à un cheveu du côté du camion !

À une autre occasion, le camion de mon mari a été embouti par une automobile, mais personne n'a été blessé et aucun des véhicules n'a subi de dommages !

Le dernier incident s'est produit la veille de l'entrée en vigueur de notre nouvelle police d'assurance pour le camion. La prime que cette nouvelle compagnie nous offrait coûtait deux fois moins cher que ce que nous payions alors, sauf qu'il y avait une condition : nous ne devions avoir fait aucune réclamation.

Mon mari m'a appelée pour m'annoncer qu'une femme prétendait qu'il avait heurté l'aile de son auto. Il n'avait pas eu conscience d'avoir heurté quoi que ce soit, mais au moment de rapporter l'accident au poste de police, on lui a dit qu'un policier avait été témoin de l'accident et qu'il croyait que c'était mon mari qui en était responsable. Notre prime d'assurance allait sûrement doubler.

Je me suis cependant souvenu de l'incident précédent et j'ai décidé de ne pas perdre la foi. J'ignore comment, mais j'étais certaine que l'archange Michaël ne me laisserait pas tomber. *Ce soir-là, je suis rentrée à la maison au moment où mon mari raccrochait le téléphone. « Tu ne devineras jamais ce qui est arrivé ! » s'est-il exclamé. La femme avait apparemment dit que comme son véhicule n'avait subi aucun dommage, elle souhaitait mettre un terme à toute cette histoire.*

Comme Michaël adore tellement réparer les automobiles, il n'est pas étonnant qu'il réponde instantanément à toutes les prières pour ce genre d'intervention, même si elles sont effectuées au nom d'une autre personne, comme Rebecca Guthrie en a fait l'expérience :

Un jour, mon amie m'a appelée et elle était dans tous ses états. Elle s'était arrêtée dans une halte routière et quand elle avait voulu repartir, son auto avait refusé de démarrer. Il se faisait tard et elle était vraiment contrariée à l'idée de demeurer coincée là-bas jusqu'à minuit, à attendre que le mécanicien de l'assistance routière arrive.

Mon amie savait que j'entretenais un lien profond avec les anges, alors elle m'a appelée pour que je leur demande de l'aider. Je lui ai demandé si elle avait fait appel à l'archange Michaël pour démarrer son auto. Elle m'a répondu que oui, mais que cela n'avait pas fonctionné.

J'ai immédiatement demandé à Michaël de réparer son auto et je l'ai vu se pencher au-dessus du moteur et inspecter les pièces. Quand j'ai vu qu'il avait terminé, j'ai demandé à mon amie d'essayer de démarrer. Toujours rien. Je savais qu'elle doutait de la capacité des anges de réparer son véhicule et son manque de foi empêchait ce dernier de démarrer.

Je lui ai demandé de chasser ses doutes et de faire confiance aux anges. Elle est demeurée silencieuse un moment pendant qu'elle remettait la situation entre les mains de Dieu. Quand elle m'a dit qu'elle était prête, je lui ai dit de démarrer l'auto. Cela a fonctionné immédiatement, cette fois-ci ! Elle était absolument renversée. Et cela m'a joliment rappelé qu'avec la foi, tout est possible.

Michaël nous a également aidés à de nombreuses reprises, mon partenaire et moi, quand nous avions des problèmes mécaniques et informatiques. Il m'a notamment aidée à brancher mon système de cinéma maison et ma connexion Internet à large bande en me donnant des instructions étape par étape au moyen d'images dans ma tête.

Comme l'histoire de Rebecca l'illustre, l'assistance de Michaël a permis de rehausser la foi de son amie, ce qui, selon moi, est la principale motivation qui se cache derrière chacune des réparations de l'archange. Notez la façon dont Rebecca a joué un rôle en suivant ses conseils qui lui étaient transmis sous forme d'images mentales. D'autres personnes peuvent les recevoir sous forme de sentiments intuitifs, de perceptions ou d'idées.

L'histoire suivante d'une femme nommée Li Ann démontre comment l'aide de Michaël peut défier toute logique :

Je n'étais pas encore très habituée à faire appel aux anges et je me concentrais sur l'archange Michaël parce que son nom m'était familier et je croyais qu'il supervisait tous les autres anges.

Une amie qui connaissait mon lien avec les anges m'a appelée pour que je prie pour elle parce que, la veille, elle avait perdu la clé de son automobile. Quelqu'un devait la conduire à son automobile pour qu'elle puisse programmer le bon code sur une clé de rechange. J'ai donc prié : « Je suis reconnaissante que l'archange Michaël et d'autres anges soient auprès de mon amie pour veiller à ce que le trajet se déroule bien et que son auto démarre instantanément. »

Mon amie m'a mentionné que sa clé de rechange n'avait jamais été programmée, alors elle avait dû lire les instructions pendant le trajet. Un peu plus tard, elle m'a appelée pour me demander si j'avais prié l'archange Michaël. Quand je lui ai répondu par l'affirmative, elle m'a demandé de lui expliquer la nature exacte de ma prière. C'est ce que j'ai fait, puis j'ai demandé à mon amie pourquoi elle tenait à le savoir.

Elle a répliqué : « Tu ne croiras jamais ce qui est arrivé. J'ai étudié les instructions d'encodage pendant toute l'heure qu'a duré le trajet. Arrivée à mon automobile, j'ai ouvert la porte déverrouillée, j'ai mis la clé dans le contact — et il s'agit d'une clé de rechange pas encore codée — et l'auto a démarré instantanément sans que j'aie à faire quoi que ce soit ! »

Transportée de joie, j'ai dit : « Eh bien, les anges s'en sont chargés ! Super ! » Comme c'était ma première expérience avec les anges (du moins à ma connaissance), j'étais heureuse que mon amie confirme l'intervention divine et je suis certaine de continuer de faire appel à Michaël et aux autres anges après cet événement !

L'archange Michaël possède de nombreux talents, comme nous avons pu le constater jusqu'à présent, y compris ceux de protéger, de réparer et de guérir. Alors que les autres archanges possèdent chacun une spécialité, nous pouvons sans hésitation et avec grand respect dire que Michaël est l'« ange à tout faire » à qui nous pouvons faire appel en toute circonstance.

Pour trouver des objets perdus, nous pensons habituellement à saint Antoine ou à l'archange Samuel, mais comme les histoires de ce chapitre l'illustrent, Michaël excelle aussi dans l'art de retrouver les objets.

Si vous-même êtes à la recherche d'un objet, l'histoire suivante pourrait vous montrer ce qui se produit quand vous demandez à Michaël de vous aider. Susan Gunton a découvert que Michaël pouvait retrouver les objets même quand elle faisait appel à lui au nom d'une autre personne :

Je travaille avec un homme qui était très sceptique à propos des anges. Un jour, il s'est mis à fouiller partout pour retrouver certains reçus afin de pouvoir être remboursé. Il y tenait beaucoup parce qu'il avait payé de sa poche une somme importante en dépenses d'entreprise.

Je lui ai dit à quelques reprises de demander aux anges de l'aider. « Si tu ne sais pas à qui faire appel en particulier, tu peux toujours demander à l'archange Michaël, parce qu'il offre son aide dans toutes les situations. » Eh bien, à ma grande surprise, il m'a plus tard appelée pour me dire qu'il avait effectivement demandé à Michaël de l'aider à trouver les reçus. Il était rentré chez lui et les avait immédiatement trouvés à un endroit où il ne lui serait jamais venu à l'idée de regarder. Il était très excité !

En revenant au bureau, il a même raconté à notre superviseur comment il avait trouvé ses reçus. Maintenant, il demande toujours à l'archange Michaël de l'aider !

Ma mère fait également appel à l'archange Michaël pour l'aider à trouver des objets perdus. Par exemple, cela faisait quelques semaines qu'elle cherchait ses gants. Je lui ai suggéré de demander à Michaël de l'aider à les trouver. Dès qu'elle l'a fait, quelque chose l'a incitée à aller prendre une boîte de café dans l'armoire, un endroit où il ne lui serait jamais venu à l'idée de chercher ses gants. Et voilà ! Ils se trouvaient juste à côté du café ! Elle demande beaucoup plus souvent l'aide des anges, maintenant.

Faire appel à l'archange Michaël au nom d'une autre personne constitue un geste aimable de votre part, sans effet secondaire négatif ! Et qui sait ? Une autre personne pourrait un jour vous rendre la pareille, comme Anne Davey l'a découvert :

J'avais récemment offert à une grande amie une carte divinatoire illustrant l'archange Michaël pour lui rappeler que ce puissant ange prend merveilleusement soin de nous.

Durant la même période, j'ai commencé à éprouver des soucis financiers. Mon travail de guérisseuse ne me rapportait pas suffisamment d'argent. J'étais triste de devoir me tourner de nouveau vers un emploi régulier, car j'adorais ce que je faisais. Un jour, en allant travailler, j'ai demandé à l'archange Michaël de m'aider dans ma situation professionnelle. Moins d'une semaine plus tard, l'entreprise où je travaillais a créé un nouveau poste appelé « coordon-nateur de bien-être ». D'après la description des tâches, il semblait avoir été créé pour moi. J'ai posé ma candidature et je l'ai obtenu ! Merci, archange Michaël.

Anne a trouvé l'emploi idéal avec l'aide de l'archange Michaël. Dans le prochain chapitre, nous découvrirons ce qu'il peut également nous aider à trouver.

❦ ❦ ❦

CHAPITRE X

L'AIDE DE MICHAËL DANS NOTRE TRAVAIL ET NOTRE MISSION DE VIE

LES PERSONNES EN QUÊTE spirituelle et qui font appel aux anges ont tendance à être des individus sensibles qui préfèrent la compagnie de personnes gentilles, en plus de pratiquer des activités agréables et significatives. Il n'est donc pas étonnant que beaucoup d'individus spirituels désirent une profession tout aussi agréable et significative. La plupart veulent apporter leur contribution dans le monde, comme aider et prendre soin des gens, de l'environnement et des animaux, ou en s'impliquant dans toute autre cause.

L'archange Michaël est celui à qui vous pouvez faire appel dans n'importe quel aspect de votre travail et de votre mission de vie. Il a accès à vos annales akashiques (ou le « Livre de la vie ») dans lesquels est révélé le plan de votre âme pour la présente incarnation. Si vous avez oublié votre mission de vie ou si vous vous demandez si vous êtes sur la bonne voie, Michaël peut vous aider.

Je vous recommande de vous retirer dans un endroit paisible avec une tablette et un stylo et de vous adonner à une séance de questions-réponses avec Michaël. D'abord, demandez-lui de vous transmettre ses messages par l'entremise de votre stylo et assurez-vous que seule sa voix divine s'exprime. Puis, notez une requête à propos de votre travail et notez toutes les impressions qui vous viennent, qu'il s'agisse de pensées, d'idées, de visions ou de mots.

Si vous n'êtes pas certain si ces impressions viennent de votre imagination, demandez-le à l'archange en notant votre question : « Comment puis-je savoir si c'est vraiment toi qui s'adresse à moi ? » Vous saurez d'après sa réponse que ses messages sont réels.

Vous pouvez aussi demander à Michaël de vous envoyer des signes pour vous guider dans votre choix de profession et vous aider à assurer votre sécurité financière pendant les périodes de transition.

Michaël est particulièrement utile aux individus qui quittent un emploi sûr, mais qu'ils n'aiment pas, pour devenir travailleurs autonomes ou poursuivre la carrière de leur rêve, comme Claire Jennings l'a découvert :

J'ai toujours rêvé de posséder une boutique ésotérique, mais comme j'élève seule mes deux jeunes enfants, j'avais besoin d'un revenu régulier. J'ai donc demandé à l'archange Michaël de me guider et il m'a fortement recommandé de commencer à vendre sur eBay, puis de louer un stand, les week-ends, dans un marché extérieur.

Eh bien, l'idée de vendre sur eBay me convenait, mais je trouvais insensée celle de vendre mes articles dans un marché extérieur. Je ne cessais de me dire : Je dois d'abord accumuler une certaine quantité de produits ; après, je serai prête à louer un stand ! Bien entendu, Michaël avait raison et mes doutes étaient alimentés par mon ego !

Je ne cessais de résister au sentiment intérieur qui me poussait à louer un stand dans un marché, en arguant continuellement à Michaël que je ne possédais pas suffisamment d'articles à vendre. Finalement, j'ai entendu sa voix aussi claire que le son d'une trompette me dire : « Étale-les ! » J'ai mis une minute à comprendre qu'il me disait d'étaler mes articles sur une table. C'est ce que j'ai fait et j'ai alors réalisé que je possédais suffisamment de produit pour justifier la location d'un stand.

Ce soir-là, l'archange Michaël est venu me visiter dans un rêve. Je l'ai vu verser sur ma tête une immense corne d'abondance emplie de pièces de monnaie. J'ai commencé à vendre au marché… et c'est très amusant, enrichissant et rentable. Et depuis que je loue un stand, mes ventes sur eBay sont également montées en flèche !

J'ai le sentiment que Michaël ne cesse de me motiver et de me pousser dans le dos. Chaque fois que j'hésite face à une idée qui surgit dans ma tête, mes ventes diminuent.

Alors que quand j'écoute ces idées d'inspiration divine, je les vois augmenter, en signe de récompense.

L'histoire de Claire illustre combien l'archange sait donner des conseils fiables en matière de travail qui se traduisent par des résultats positifs sur le plan émotionnel et financier. Il est normal de résister ou de vous sentir intimidé quand il vous encourage à poursuivre vos rêves. L'ego humain a tendance à dire « je ne possède pas les compétences ! » ou « je ne mérite pas d'être heureux » quand une occasion se présente. Heureusement, l'archange Michaël vous aide à la saisir, en vous offrant le soutien et la confiance dont vous avez besoin, comme une femme nommée Maree en a fait l'expérience :

> *Pendant presque six années, j'ai travaillé dans un laboratoire à analyser des échantillons de sol pour une société minière internationale. Comme mon travail n'était pas vraiment écologique, je suis devenue de plus en plus malheureuse et frustrée. Je ne m'y sentais tout simplement plus à ma place !*
>
> *Un jour, j'étais tellement à bout de fatigue et stressée que j'ai hurlé dans ma tête :* Chers anges, venez à mon aide ! Je veux quitter cet emploi ! *Je n'avais jamais autant supplié pour quoi que ce soit de toute ma vie !*
>
> *Les semaines ont passé et j'ai continué de demander : « Michaël, de grâce, fais-moi savoir quand le moment sera venu de quitter mon emploi. Dis-moi quand je pourrai me le permettre financièrement. »*

Le jour où ma prière a été exaucée, j'ai éprouvé un profond sentiment de calme et de paix. Ces sensations venaient de mon cœur et j'ai soudainement vu Michaël de mes propres yeux ! Il m'a simplement dit : « Le moment est venu. » Je ne savais pas si je devais rire ou pleurer !

Deux jours plus tard, j'ai remis ma démission et ce sentiment de calme et de paix ne m'a pas quittée pendant plusieurs jours. Je savais au fond de moi que c'était la bonne décision et il n'y avait aucun doute dans mon cœur et dans mon esprit que j'avais été guidée par l'archange Michaël.

Cela s'est passé il y a 13 mois; je suis non seulement redevenue intègre avec moi-même, j'ai découvert ma spiritualité. Et, en plus, j'ai finalement compris quelle était ma mission de vie ! Tout ce que je peux dire, c'est que l'archange Michaël est le meilleur ami d'une femme – bien plus que n'importe quel diamant ! Il est tout bonnement mon meilleur copain.

Les conseils de Michaël peuvent également se rattacher aux activités professionnelles quotidiennes. Une femme nommée Helen a appris concrètement qu'il pouvait veiller à ce que des appels d'affaires soient effectués au bon moment :

Ma directrice et moi travaillons dans un minuscule bureau au Canada. La majeure partie de notre travail consiste à communiquer avec les collectivités isolées du Nord. En raison des conditions météorologiques souvent mauvaises, les lignes téléphoniques et l'équipement utilisés par ces collectivités tombent régulièrement en panne. Il est alors plus compliqué pour nous de respecter nos délais.

Récemment, cependant, j'ai commencé à invoquer l'archange Michaël pour veiller à ce que les collectivités reçoivent leur information. Cela fonctionne tellement bien que ma directrice a remarqué que quelque chose avait changé, étant donné que nous ne semblions plus avoir autant de problèmes de communication qu'avant. Je lui ai parlé de l'aide demandée à l'archange Michaël et elle a vraiment fait preuve d'ouverture, disant que c'était une idée formidable !

Une semaine plus tard, confrontées à un délai d'urgence, nous ne disposions que de trois jours pour faire signer des documents par des représentants de 50 collectivités. J'ai donc fait appel à l'archange Michaël et tout s'est bien déroulé, à un rythme incroyable !

La veille de la date butoir, une seule collectivité n'avait pas encore été rejointe. Ma directrice a essayé de communiquer avec la personne chargée de signer le contrat, mais sans succès. On lui avait fourni plusieurs numéros pour joindre cette personne, alors elle a laissé des messages là où c'était possible, mais sans jamais pouvoir lui parler.

Puis, elle a pensé à l'archange Michaël et a demandé son aide. Elle a ensuite composé un numéro. Cette fois-ci, elle a pu parler à la personne en question, le contrat a été signé avant la date butoir et tout s'est bien terminé.

Nous passons souvent plus de temps avec nos collègues de travail qu'avec notre famille et nos amis, alors il est rassurant de savoir que Michaël aide à guérir et à harmoniser

nos relations professionnelles, comme une femme nommée
Lisa Toplis l'a découvert :

*Je venais de commencer à travailler à temps partiel dans
un bureau que je partageais avec un type qui me rendait
mal à l'aise. Je devais assumer les tâches qu'il n'avait plus
le temps d'accomplir. Dès que j'ai commencé, cependant,
j'ai pu sentir sa colère et sa rancœur. Chaque fois que j'essayais d'accomplir une tâche, il me faisait des remarques
hautaines et condescendantes.*

*Je ne voulais pas entretenir des sentiments négatifs à
son égard, mais c'était vraiment difficile de l'ignorer. Nous
travaillions dans un espace si restreint que je ne voyais pas
comment je pourrais fuir la situation. Quand j'ai constaté
au début de la troisième semaine que le problème n'allait pas se résoudre, j'ai demandé en silence à l'archange
Michaël de m'aider. J'ai dit dans ma tête :* Cher Michaël,
j'apprécierais vraiment ton aide, car je suis contrainte
à travailler aux côtés de cet homme et je ne peux pas
l'ignorer. Je n'ai pas envie de me sentir ainsi à propos de
mon travail, de ce type et de moi-même.

*Quand je suis retournée travailler, la semaine suivante,
un vrai miracle s'est produit ! Le directeur des services
administratifs est venu à mon bureau et m'a dit : « Lisa,
tu as l'air vraiment à l'étroit dans cet espace — laisse-moi
y réfléchir. » Quelques heures plus tard, j'étais installée
dans le bureau du directeur des ventes. À moi le confort et
l'intimité ! (Le directeur des ventes travaillait à l'extérieur,
à la recherche de clients potentiels, et venait rarement*

au bureau.) Je pouvais donc désormais faire des appels téléphoniques et travailler en paix !

Je suis tellement reconnaissante envers l'archange Michaël pour m'avoir sauvée d'une situation bizarre et désagréable – et de l'avoir fait si rapidement, avec exactement le bon résultat. En tant qu'employée à temps partiel, je n'aurais jamais cru que j'aurais pu posséder mon propre bureau dans un milieu de travail aussi confiné. Cependant, quand l'archange Michaël vient à votre aide, les choses tournent toujours mieux que vous ne l'auriez cru !

Si vous rêvez de quitter votre emploi actuel pour une autre activité plus enrichissante, vous serez inspiré par les deux prochaines histoires dans lesquelles des gens ont été aidés en ce sens. En lisant l'expérience d'Annelies Hoornik, gardez à l'esprit que l'archange Michaël pourrait vous aider vous aussi dans votre travail :

Mon travail dans une entreprise de logiciels informatiques commençait à me causer beaucoup de stress étant donné qu'un grand nombre d'employés avaient été mis à pied et que je travaillais comme neuf individus. J'avais entendu dire que la méditation aidait à gérer le stress, alors j'ai décidé d'essayer.

Après avoir médité quotidiennement pendant trois semaines, j'ai vécu une expérience d'une grande profondeur ! Je me suis sentie soulevée du canapé et entraînée dans un lieu empli d'une lumière blanche éclatante. J'ai vu trois marches menant à une terrasse. Un homme au visage amical s'y trouvait et il a commencé à avancer vers moi. Je pouvais voir qu'il portait des vêtements décontractés, mais son visage était plongé dans le noir en raison du rayonnement de la lumière.

Il m'a dit qu'il voulait me montrer quelque chose et il m'a tendu la main. Je l'ai saisie, car il semblait gentil et digne de confiance. Mais quand il s'est retourné pour marcher devant moi, j'ai vu deux immenses ailes blanches qui dépassaient de son dos. Cela m'a fait peur parce que j'avais appris, quand j'étais enfant, que les anges venaient nous chercher le jour de notre mort. J'ai donc supplié mentalement de demeurer en vie et de retourner sur le canapé de mon salon et c'est exactement ce qui s'est produit instantanément.

Je savais que je venais de rencontrer l'archange Michaël. Personne ne me l'a dit – je le savais simplement. Je savais aussi qu'il n'était pas venu me chercher parce que mon heure était arrivé et que je pouvais communiquer de nouveau avec lui en toute confiance. Le lendemain, je me suis donc assise pour méditer et j'ai décidé d'appeler Michaël, histoire de voir s'il viendrait de nouveau. Je ne savais pas à quoi m'attendre, étant donné que je n'avais aucune expérience avec les anges. Je suis donc simplement demeurée assise à méditer et j'ai envoyé un message lui disant que s'il était encore dans les parages et s'il voulait bien revenir, j'étais prête à aller voir ce qu'il voulait me montrer la veille.

Moins d'une seconde plus tard, j'étais de nouveau avec Michaël dans ce lieu illuminé de blanc. Il m'a montré un endroit spécial où je pourrais méditer et avoir l'esprit en

paix. Les jours et les semaines qui ont suivi, j'ai passé beau-
coup de temps dans ce lieu baigné d'une lumière blanche
et j'ai vu un grand nombre d'êtres célestes. Michaël m'a
présentée à mon ange gardien, à deux anges guérisseurs et
aux autres archanges.

L'archange Michaël m'a clairement dit que je devais
cesser de travailler dans l'industrie des logiciels et com-
mencer à pratiquer à temps plein la médecine douce. Il m'a
dit que je le ferais avant le 1er mai 2002. Chaque vision
que l'archange m'a montrée s'est réalisée, y compris ma
pratique en médecine douce que j'ai entreprise le 29 avril
2002. Je suis tellement plus heureuse dans ma vie depuis
que je suis continuellement guidée par l'archange Michaël.
Et c'est tellement satisfaisant d'aider des gens à guérir que
je ne peux pas m'imaginer faire autre chose.

En aidant Annelies dans sa profession, l'archange
Michaël a en fait aidé toutes les personnes qui bénéficient
de sa pratique médicale. Notez à quel point Annelies
exprime qu'elle est heureuse. C'est d'ailleurs l'une des
principales raisons pour lesquelles Michaël nous aide dans
notre parcours professionnel. La joie d'Annelies indique
également qu'elle occupe l'emploi idéal pour elle, étant
donné que notre mission de vie divine est toujours agréable
et significative.

Michaël m'a enseigné que chaque individu possède des
talents et des dons uniques qu'il peut utiliser pour servir
le monde. Quand vous travaillez dans un domaine qui
correspond à vos champs d'intérêts, vous prenez du plaisir
et réussissez dans votre travail. La vieille croyance selon

laquelle il faut souffrir pour gagner de l'argent est puritaine et dépassée. Nous entrons dans une nouvelle phase de notre cheminement spirituel collectif dans lequel chacun travaillera dans un domaine lié à ses talents naturels, à ses passions et à ses intérêts. Et l'archange Michaël supervise ce changement sain et positif.

Une conseillère en thérapie par les anges nommée Valerie Camozzi est la preuve qu'en matière d'orientation professionnelle, l'archange Michaël est sans doute le meilleur conseiller au monde :

J'ai travaillé pendant 25 ans comme infirmière diplômée en soins néonatals et en soins intensifs pédiatriques. J'adore travailler auprès des nourrissons et de leurs parents. Rien ne me ravissait plus que d'assister à un accouchement. Mais même si j'adorais mon travail, ma profession d'infirmière me procurait de moins en moins de satisfaction. Je ressentais un vide au fond de moi.

Ce que j'aimais le plus, c'était enseigner aux autres à se servir de leurs dons intuitifs pour entrer en lien avec leurs anges et les entendre. Je me sentais de moins en moins attachée à mon travail à l'hôpital. Un soir, avant de m'endormir, j'ai demandé à l'archange Michaël de m'aider. Je lui ai dit que j'aimais travailler auprès des bébés et de leurs familles, mais que je n'étais plus heureuse dans mon emploi.

Le lendemain, je me suis réveillée en ayant l'impression d'avoir dormi pendant une semaine. Je ne me souvenais plus de mes rêves. En me levant, j'ai éprouvé un profond sentiment de paix. J'avais de l'énergie et j'étais heureuse. Je suis allée faire une promenade et, en revenant, j'ai entendu une voix dans ma tête me dire d'aller à mon ordinateur. Je me suis assise et j'ai tapé ma lettre de démission. Je l'ai datée, signée, puis je suis allée la poster. Je ne me rappelle plus ce que j'ai écrit. Ma directrice m'a dit que ma lettre l'avait beaucoup touchée et que, malgré sa tristesse de me voir partir, elle comprenait et me souhaitait bonne chance.

Je crois que c'est l'archange Michaël qui m'a dicté ma lettre de démission, ce jour-là. J'ai le sentiment qu'il m'a donné le courage de quitter un emploi que j'occupais depuis tant d'années. Maintenant, je donne des cours à temps plein sur les anges, le développement de l'intuition, la méditation et la guérison énergétique. De plus, je continue d'assister à des accouchements en privé en tant que monitrice auprès des parents.

POSTFACE

Dieu veut que nous ayons des vies paisibles, significatives et heureuses – comme tous les parents le souhaitent pour leurs enfants. Notre Créateur nous fait également don des anges pour nous guider et nous protéger. Tout comme nous voulons que nos cadeaux soient appréciés par ceux à qui nous les donnons, le but de Dieu est également que nous profitions du présent qu'il nous offre par l'entremise des anges.

Si vous acceptez le principe que Dieu est amour, il est alors impossible pour le Créateur de connaître autre chose que l'amour. Et pourtant, au quotidien, l'existence humaine semble souvent contenir un plus faible pourcentage de ce sentiment. Les anges forment un pont entre la vérité divine empreinte d'un amour total et l'expérience humaine empreinte de drames et de douleurs. Les anges peuvent voir la vérité spirituelle et les illusions de l'ego. Ils profitent donc des rêves des êtres humains pour leur procurer la lumière pure, l'amour et la sagesse du ciel.

En tant que superviseur des anges, Michaël est le représentant terrestre de la puissance universelle du Divin. Il démontre qu'avec la foi spirituelle, tout est possible. Il nous aide tous à vivre sur la terre selon la vision pure et divine de Dieu.

Michaël est l'incarnation même de la compassion. Il répond à tous les besoins. Il ne juge jamais la « valeur » d'une personne. Il acquiesce simplement à toute demande qui permet de procurer la paix et la sécurité.

Michaël est la sagesse en action. Ses solutions miraculeuses, ses conseils, ses interventions et ses guérisons sont vraiment ingénieuses. Pour chaque situation dramatique, il possède la solution idéale qu'il trouve en une fraction de seconde. Voilà pourquoi il est inutile de vous préoccuper de la façon dont l'archange va vous aider ou de lui dire exactement quoi faire. Demandez simplement son aide et laissez-le trouver la solution.

Michaël nous rappelle constamment la présence de Dieu sur la terre. Il vous arrive peut-être de vous sentir seul ou abandonné, et pourtant, il suffit de prononcer le nom de l'archange pour qu'il soit aussitôt à vos côtés. Respirez et sentez la chaleur de sa présence, et notez les idées et les visions qui vous viennent de lui.

Michaël vous offre du soutien, du courage et de la confiance. Si vous envisagez changer votre vie ou êtes déjà en processus de changement, assurez-vous de lui demander de vous accompagner dans votre cheminement. Il vous encouragera dans votre décision d'effectuer des changements sains, en plus de vous guider vers de nouvelles occasions et de vous aider à guérir de vos expériences passées.

Vous pouvez demander à l'archange Michaël de vivre avec vous, si vous le désirez. Comme il est sans entraves, illimité et omniprésent, il peut être avec tous ceux qui souhaitent sa présence.

Vous pouvez aussi l'inviter dans vos rêves, étant donné que, la nuit, votre esprit est beaucoup plus calme et ouvert aux anges que durant la journée. Au moment de vous endormir, demandez à Michaël de vous guider ou de vous guérir, peu importe l'objet de votre demande. À votre réveil, vous ne vous souviendrez peut-être pas de ce qu'il a pu vous dire durant votre sommeil, mais vous saurez que quelque chose s'est amélioré.

Que vous préfériez demander à Dieu d'envoyer Michaël à vos côtés ou vous adresser directement à l'archange, sachez que le fait de demander son aide est une façon d'apporter la paix sur la terre, une personne à la fois... en commençant par vous.

Rappelez-vous que Dieu et l'archange Michaël vous aiment inconditionnellement. Ils voient votre grandeur divine, vos talents, votre bonté et votre lumière rayonnante. Pour eux, vous êtes un ange terrestre et ils sont heureux de vous soutenir dans votre mission angélique. Sachez en profiter ! Votre joie transporte votre âme, de même que celle des gens qui vous entourent !

Avec tout mon amour,

Doreen

Achevé d'imprimer en juin 2013
sur les presses de la Nouvelle Imprimerie Laballery
58500 Clamecy

Dépôt légal : juin 2013
Numéro d'impression : 306039

Imprimé en France

La Nouvelle Imprimerie Laballery est titulaire de la marque Imprim'Vert®